Diederich Lüken (Hrsg.), Was ich mit Gott erlebte

Was ich mit Gott erlebte

Herausgegeben von Diederich Lüken

Christliches Verlagshaus Stuttgart

ABCteam-Bücher erscheinen in folgenden Verlagen:
Aussaat Verlag Neukirchen-Vluyn
R. Brockhaus Verlag Wuppertal und Zürich
Brunnen Verlag Gießen und Basel
Christliches Verlagshaus Stuttgart
Oncken Verlag Wuppertal und Kassel

Die Deutsche Bibliothek – CIP-Einheitsaufnahme

Was ich mit Gott erlebte / Diederich Lüken (Hrsg.). –
Stuttgart : Christliches Verl.-Haus, 1997
(ABC-Team)
ISBN 3-7675-1614-4

Umschlaggestaltung: Dieter Betz, Weissach,
unter Verwendung eines Fotos von Gerd Ulmer, Hemmingen
Gesamtherstellung: Druckhaus West GmbH, Stuttgart
ISBN 3-7675-1614-4

Inhalt

Vorwort

Die Gesichter auf der vorderen Umschlagseite sind unscharf. Das ist kein fotografisches Mißgeschick; das ist so gewollt. Denn in diesem Buch geht es nicht darum, daß menschliche Profile scharf eingestellt werden. Zwar schreiben hier Menschen über ihr Schicksal und über ihre Begegnungen mit Gott. Ohne die Erfahrung, die ein Mensch mit Gott macht, bliebe der christliche Glaube auch leer und unanschaulich. Er würde dann schnell zu einer Ideologie verkommen; und die christliche Ideologie ist nicht besser als alle anderen Ideologien in dieser Welt auch. Das hat die Geschichte der Kirche hinreichend gezeigt. Deshalb ist es wichtig, daß Menschen, die Erfahrungen mit Gott machen, sie auch anderen mitteilen.

Aber der Mensch steht nicht im Mittelpunkt dieser manchmal erschütternden Berichte. Die Menschen, die hier schreiben, preisen damit vielmehr Gott, der sich ihnen in manchmal überwältigender Weise gezeigt hat. Es sind Menschen ganz verschiedenen Alters darunter, mit unterschiedlichen Berufen und unterschiedlichen Charakteren – Menschen in der Konkretheit ihres menschlichen Lebens. Natürlich haben auch etliche Pastoren in die Tasten ihrer Schreibmaschine gegriffen; aber die Beiträge der sogenannten schlichten Christen sind nicht weniger eindrucksvoll.

Das Buch beginnt bei ganz alltäglichen, fast banalen Erlebnissen. Von Benzin ist da die Rede und vom Reisen, von Brötchen und Beruf. Gott ist der Alltag nicht zu klein. Ich habe gestaunt, wie liebevoll sich Gott manchmal des Alltages annimmt.

Das große Thema der Entscheidung für Gott in Jesus Christus haben andere in den Mittelpunkt ihrer Erzählungen gerückt. Aber auch, wie sich das Leben danach verändert, ist eine Schilderung wert. Der Bezug zur Gemeinde wird in einem der Berichte deutlich hergestellt.

Beeindruckend sind die Erlebnisse, die von Bewahrungen in gefährlicher Situation berichten. Dabei werden politische Klippen sichtbar, ob nun im Nazi-Regime oder in der DDR, ohne daß ich letztere mit dem Dritten Reich gleichsetzen möchte. Fast zwangsläufig kommt dabei der Krieg in den Blickpunkt; aus der Fülle der Kriegsberichte haben wir zwei herausgegriffen, ohne die anderen damit abqualifizieren zu wollen.

Besonders spannend wird es für mich aber da, wo Menschen mit Krankheit, Leid und Tod fertig werden müssen. Die Erfahrungen mit Gott zeigen, daß er den Menschen manchmal Unzumutbares zumutet. Aber wie diese Menschen dann seine Kraft erleben und in dieser Kraft gesegnet werden und weiterleben können, das ist atemberaubend. Am Ende dieses Bandes stehen dann Berichte über besondere Führungen im Leben einzelner Christen und Christinnen.

Es geht hier um Gott und sein Wirken in der Welt; es geht aber auch darum, daß der Leser, die Leserin Kraft und Zuversicht schöpfen kann aus diesem Buch. Es sind Zeugen der Gegenwart Gottes, die hier zur Sprache kommen. Wenn ihre Zeugenaussagen allein stünden, wären sie für viele Leser unbegreiflich und kaum nachvollziehbar. Sie stehen aber alle in enger Beziehung zum Zentrum des christlichen Glaubens, zu Jesus Christus. Kein Zeugnis des Glaubens kommt aus ohne die Gewißheit: Jesus lebt. Und keines kommt aus ohne das Gebet. Und überall ist das Ja zu vernehmen: das Ja Gottes zum Menschen, der uns ernst nimmt in allen unseren Belangen, und das Ja des Menschen zu Gott. Dieses doppelte Ja macht es möglich, daß Menschen ihr Leben und ihr Schicksal aus Gottes Hand nehmen. Wenn der Leser, die Leserin sich dazu bewegt fühlen sollte, es damit selbst zu versuchen, dann wäre das Ziel dieses Buches erreicht.

Ich danke allen, die sich um dieses Buch verdient gemacht haben, besonders den Autorinnen und Autoren. Und ich danke Gott, daß er sich auf so vielfältige Weise in den Erfahrungen seiner Menschen gezeigt hat. Es war für mich eine Bereicherung meines Lebens und Glaubens, die vielfältigen Zeugnisse zu lesen und zu verarbeiten.

Gerlingen, im Juni 1997 Diederich Lüken

Verleiht Gott Benzin?

Tobias Krämer

Nach einem schweren Orchesterkonzert hatten wir noch lange gefeiert, und ich mußte gegen Mitternacht noch nach Hause fahren. Das Benzin war etwas knapp, aber meiner Erfahrung nach mußte es reichen. Unglücklicherweise habe ich mich dann total verfahren. Das Problem war nun, daß die Nadel meiner Tankuhr sich im roten Bereich immer wohler fühlte – und ich mich immer unwohler. Da betete ich: „Vater, Du wirst mich nach Hause bringen. Du bist allmächtig, Dein Wort sagt, daß Du mir hilfst." Da stieg eine felsenfeste Gewißheit in mir auf, und ich hatte den Gedanken, Jesus würde mir Benzin leihen. Danach schaute ich immer wieder auf die Nadel meiner Tankuhr – doch die war einfach stehengeblieben. Um 2.30 Uhr war ich dann schließlich zu Hause angekommen und tankte mit Tankkarte. Mein Auto hat einen 42-Liter-Tank, und ich habe 43,5 Liter getankt! Hat Gott mir Benzin geliehen oder gibt es eine technische Erklärung? Ich weiß es nicht. Jedenfalls habe ich ihm gedankt, daß ich nicht irgendwo in der Pampa übernachten mußte. „Unser Gott ist im Himmel; er kann schaffen, was er will" (Ps. 115,3).

„Ich komme mit!“

Hanna Neblung

Es liegt einige Jahre zurück, als ich wieder einmal auf den gepackten Koffern saß. Also, meine wunderschöne pinkfarbene Reisetasche stand fix und fertig in der Diele. Die Wohnung war blitzblank, denn ich wollte für eine Woche nach Holland auf die Insel Schouwen. Alleine in unserem Wohnwagen! Das war noch nie dagewesen. Irgendeine Freundin aus Gemeinde oder Welt habe ich sonst immer dabei.

Ich lief durch unsere Wohnung und eine gewisse Panik – es war wirklich Panik – kroch in mir hoch. Es mag für Außenstehende nicht nachvollziehbar sein. Ich war schon ‘zigmal mit Freundinnen dort. Ich habe ein solides Auto, worüber ich von Herzen dankbar bin. Und es gab keine Möglichkeit, zu einem anderen Zeitpunkt zu fahren. Nun war ich bereits seit fünf, nein zehn Minuten fertig und rannte immer noch durch die Diele. Dabei hätte ich schon längst unterwegs sein können.

Aus der Not betete ich. Ich frage mich heute, warum ich nicht früher damit angefangen habe. Beten gehört für mich zum Leben wie Essen und Trinken. Ich kannte es auch nicht anders von meinen Eltern. Ich sagte: „Vater im Himmel, ich war noch nie so in Not, ich habe dich noch nie gebeten, mir augenblicklich zu helfen – aber jetzt muß es sofort sein, ich muß in ein paar Minuten fahren. Ich weiß nicht weiter.“ Selten war ich trauriger.

Ich nahm also meine Reisetasche, holte meine Autoschlüssel und setzte mich Richtung Haustür in Bewegung. Dabei überlegte ich wieder, ob ich nicht besser zu Hause bleiben sollte. Da läutete das Telefon.

Am anderen Ende hörte ich die fröhliche Stimme einer Freundin, und das zu ganz ungewöhnlicher Tageszeit. Vom Büro mittags um 12.00 Uhr hatte sie noch nie angerufen. Und wir kannten uns schon fast dreißig Jahre lang. „Och“, sagte ich ganz munter, „ich habe schon die Tasche in der Hand und fahre jetzt nach Holland.“ Schweigen drei, vier Sekunden lang, dann sagte sie entschlossen: „Ich komme mit!“ Ich bekam weiche Knie und stotterte: „Ja, toll. Wann bist du denn soweit?“

„Um 13.00 Uhr, ich sage nur schnell meinem Chef Bescheid.“ Wunderbar, dachte ich und sagte: „Ich fahre jetzt sofort los und bin um 13.00 Uhr bei dir.“

In mir war nur Jubel, dann Sprachlosigkeit und zum Schluß: Danke, lieber Gott. In dieser Reihenfolge. So sind wir Menschen!

Diese Erfahrung, diese augenblickliche Hilfe und Erhörung meines Gebets ist so lebendig in mir, als wäre es erst gestern gewesen. Und dieses Wissen wird mich bis ans Ende meiner Tage begleiten: Gott hat mich erhört. Mich ganz allein. Und seine Hilfe galt mir. Wann beten wir schon einmal ganz egoistisch für uns selbst? Meistens vergesse ich mich, weil ich an so vieles andere zu denken habe. Aber mit Gott über alles zu reden – und für alles zu danken, tagtäglich, ist mir ein ganz tiefes Bedürfnis geworden. Jetzt verstehe ich auch das Volk Israel viel besser. Jede neue Generation bekennt: „Gott hat uns aus Ägypten geführt.“ Dieses Erfahrung ist so lebendig in ihnen, daß es für sie wie die Gegenwart ist.

Irgendwann, nach etwa einem Jahr, saßen meine Freundin und ich gemeinsam im Auto und fuhren wieder nach Holland, wie wir es ein- bis zweimal im Jahr machen. Während der Fahrt sagte sie dann: „Weißt du noch? Letztes Jahr, als ich von jetzt auf gleich nach Holland mitgefahren bin?“ Ich wußte es noch! Komischerweise hatte sich niemand aufgeregt. Sogar ihre Mutter hatte gesagt: „Ja, dann wünsche ich euch viel Spaß!“ (Meistens denkt sie: Dann ist Eugen ja schon wieder alleine.) Auch Nachbarinnen und Bekannte, die immer zu Hause sein müssen, weil sie eine Landwirtschaft zu versorgen haben, wünschten ihr viel Vergnügen. Das gab's noch nie. Im Sauerland gilt man als vergnügungssüchtig, wenn man mehrmals in Urlaub fährt. Und dann auch noch mit der Freundin und nicht mit dem Ehemann!

Nicht einmal der liebe Gott meint es gut mit mir!

Margrit Harm

Das Jahr 1982 war für uns recht anstrengend gewesen. Unsere drei Kinder waren zu dieser Zeit 17, 16 und 12 Jahre alt. Meine Schwiegermutter, die mit uns zusammen im Haus lebte, hatte gesundheitlich stark abgebaut. Wir hatten sie mehrmals in einer hilflosen Lage vorgefunden, so daß es nicht mehr möglich war, sie längere Zeit allein zu lassen. Dazu hatte ich noch eine Teilzeitarbeitsstelle; meine These, ich könne mich bei einer Arbeit von der anderen erholen, hatte mich ziemlich ausgepowert.

Da entdeckte ich eine Veröffentlichung unserer Kirche, daß unser Pastor am ersten Oktoberwochenende in Freudenstadt ein Wochenendseminar unter dem Thema „Unsere Kinder im schwierigen Alter" anbot. Es war also beschlossene Sache: mein Mann würde an diesem Wochenende meine Pflichten übernehmen, und ich meldete mich zu dieser Tagung an. – Endlich ein Lichtblick in den vielen Pflichten und Anforderungen.

An diesem Oktoberwochenende, an dem ich nach Freudenstadt wollte, war in unserer Gemeinde in Bauschlott vormittags Erntedankfest und dann in Knittlingen Gemeindenachmittag mit Kaffee und Kuchen.

Ich war ganz froh darüber, daß ich durch das Seminar um die vielen Gemeindeverpflichtungen an diesem Wochenende herumkam. Ich hatte einfach dringend einmal Abstand zu allem nötig und freute mich unbändig auf dieses Wochenende.

Einige Tage zuvor erhielt ich Post mit der Teilnehmerliste. Aber o weh! Nicht die Teilnehmerliste entnahm ich dem Umschlag, sondern die Mitteilung, daß das Seminar mangels Beteiligung ausfallen werde.

Ich war wirklich zutiefst enttäuscht und völlig ungenießbar an diesem Tag. Als mein Mann heimkam, begrüßte ich ihn mit den Worten: „Jetzt weiß ich's ganz genau, nicht einmal der liebe Gott meint es noch gut mit mir!"

Wir überlegten natürlich, ob ich nicht trotzdem für ein Wochenende nach Freudenstadt fahren sollte. Aber ich war so enttäuscht, daß ich gar nicht mehr fort wollte. Ich dachte dann auch, nachdem die erste Enttäuschung vorüber war, daß es jetzt einfach so sein sollte, daß mein Platz an diesem Wochenende, an dem in der Gemeinde so viel zu tun war, zu Hause sein müsse. Ein freies Wochenende konnte ich ja theoretisch später nachholen.

Ich ging dann eben, wie jeden Dienstagabend, in die Singstunde und übte ohne jede Freude die schönen Chorverse zu Psalm 34 für das Erntedankfest: „Ich will den Herren loben allezeit, sein Lob soll immerdar in meinem Munde sein."

Einen Tag bevor ich eigentlich wegfahren wollte, fand ich unsere Mutter morgens bewußtlos im Bett vor. Als sich die erste Aufregung gelegt hatte, erfaßte mich trotz der ungünstigen Prognose des Arztes eine tiefe Dankbarkeit gegen Gott. Ich spürte, wie er diese Situation gnädig für mich vorbereitet hatte.

Wenn ich an diesem Tag auch noch die Enttäuschung hätte verkraften müssen, wegen der Erkrankung unserer

Mutter nicht wegfahren zu können, wäre alles viel schwerer für mich gewesen.

Während der oftmals schwierigen Pflege unserer Mutter und in vielen schweren Situationen danach bis heute ist mir dieses Erlebnis zur Ermutigung geworden, darauf zu vertrauen, daß es Gott gut mit mir meint, auch wenn es vordergründig anders zu sein scheint.

Woher kamen die Brötchen?

Doris Alhaus

Unter fünf Kindern wuchs ich als Zweitälteste auf, war munter und gesund wie ein Fisch im Wasser. Daß ich unterernährt aussah, konnte man gerade nicht behaupten – im Gegensatz zu meinen Geschwistern. Das Teilen und Abgeben in bezug auf das Essen fiel mir etwas schwer.

Mein Vater war Konstrukteur in einer Firma, die Kabelmaschinen herstellte. Besondere Umstände zwangen ihn, eine neue Stelle zu suchen, um seine Familie zu ernähren. Er brachte täglich alle Nöte vor den Herrn und las treu die Bibel. Bei einer Andacht wurde ihm persönlich das Wort wichtig: „Im ersten Jahr wirst du leben von dem, was da ist. Im zweiten Jahr wirst du dich von den Wurzeln ernähren. Im dritten Jahr wirst du säen und ernten." Aufgrund dieser Aussage sah er Gottes Weg darin, sich selbständig zu machen.

Mein Vater, bescheiden, liebenswert und immer auf das Wohl der anderen bedacht, hatte eines Tages keine Aufträge mehr. Es war das ‚zweite Jahr', wo es knapp herging.

Wir zwei Ältesten hatten unser Schlafzimmerchen unter dem Dach. Eines Morgens kam ich, wie jeden Tag, die Treppe herunter und vorbei an Vaters Büro. Dort hörte ich eine Stimme. So früh? dachte ich, wer wollte um diese Zeit schon etwas von meinem Vater? Neugierig wie ich war, blieb ich vor der Tür stehen und schaute durchs Schlüsselloch; ich horchte. Aber was sah ich? Ich traute meinen Augen und Ohren nicht! Papa lag auf den Knien und betete laut: „Herr Jesus, du weißt, ich habe keine Arbeit mehr. Morgen ist der erste Tag des neuen Monats, ich sollte meiner Frau das Haushaltsgeld geben, um uns und die Kinder zu versorgen. Wir haben nur noch Kartoffeln im Keller. Herr Jesus, nur du kannst helfen und mir Arbeit schenken. Du allein kennst meine Not. Du kannst doch nicht mit ansehen, wenn meine Kinder hungern müssen, und ich könnte es nicht verkraften."

Nun liefen mir die Tränen herunter. Auf der einen Seite hatte ich ein schlechtes Gewissen, weil ich durch das Schlüsselloch geschaut und gelauscht hatte, zum andern hatte ich gehört, daß wir verhungern müßten. Mein Herz war so schwer, doch ich wollte mit niemandem darüber sprechen. Schnell wischte ich meine Tränen ab. Niemand sollte merken, was ich gesehen und gehört hatte.

Nun kam mein Vater die Treppe herunter und wünschte liebevoll einen guten Morgen. Oh, wie war er doch stark! Zur Mutti sagte er: „Ich fahre zu meinem Freund ins Geschäft und frage ihn, ob er Aufträge für mich hat." Die Straßenbahnhaltestelle war genau vor unserem Haus, so daß wir den Vater ein paar Schritte begleiten konnten.

Vater öffnete die Haustür. Da stand ein Karton mit 50 Brötchen und 10 Rosinenbrötchen vor der Tür. Weil es regnete, holte er die Brötchen in den Hausflur, im Glauben, ein Bäcker habe sie für kurze Zeit untergestellt.

„O Papa, bitte ein Brötchen", riefen wir Kinder. „Kinder, das geht nicht. Die hat sicher ein Bäcker abgestellt und wird sie gleich holen." Doch Papa zählte die letzten Pfennige zusammen und gab sie Mutti. „Für jedes Kind könnte es gerade zu einem Brötchen reichen", sagte Papa. „Bezahle sie dem Bäcker, wenn er kommt."

Für uns war es ein fürstliches Frühstück. „Können wir

die Rosinenbrötchen nicht auch haben?" fragten wir Kinder. „Nein, ihr Lieben, das geht leider nicht; die kann Papa nicht mehr bezahlen", sagte Mutti.

Gegen Mittag kam unser Vater nach Hause. Muttis erste Frage lautete: „Hast du Arbeit bekommen?" „Nein, leider nicht", antwortete Papa traurig.

So ging er wieder die Treppe hinauf in sein Büro. Auf Zehenspitzen schlich ich hinterher, um ja nicht gehört zu werden. Dort schaute ich abermals trotz schlechtem Gewissen durch das Schlüsselloch. Der gute Papa lag wieder auf den Knien und betete: „Herr, du hast damals den Elia versorgt. So kannst du uns auch heute noch versorgen."

Bis zum Abend hatte sich noch kein Bäcker gemeldet. So fingen wir an, die Brötchen zu essen. Dann kam ein Onkel zu Besuch und schenkte uns ein Pfund gute Butter. Ob Gott Papas Gebet wohl schon erhört hat? dachte ich.

So aßen wir Tag für Tag Brötchen mit guter Butter. Mutti achtete darauf, daß alles richtig verteilt wurde. Nach einer Woche waren die Brötchen aufgegessen, da läutete es an der Haustür. Der Briefträger brachte einen Brief mit der Aufschrift: „Das Mehl im Kad soll nicht verzehrt werden, und dem Ölkrug soll nichts mangeln." Dazu kam noch ein Auftrag, und Papa hatte wieder Arbeit.

Zuerst faltete Papa seine Hände und dankte dem Herrn für die leckeren Brötchen, die gute Butter und für den neuen Auftrag. Als er Amen gesagt hatte, sagte ich spontan: „So, jetzt müssen wir wenigstens nicht verhungern." Erstaunt über meine Äußerung stellte mich Papa zur Rede. Ich beichtete ihm alles: daß ich zweimal durchs Schlüsselloch ins Büro geschaut habe, um zu sehen, was er dort mache und was er bete.

Papa hat mich nicht bestraft. Darüber war ich sehr froh.

In den folgenden Jahren erlebte ich immer mehr, welch reiches Gebetsleben mein Vater führte und wie kindlich er Gott in allem vertraute. Immer beugte er die Knie vor dem Allmächtigen und sagte: „Herr, ich danke dir, du machst es wirklich wie zu Elias Zeiten und versorgst deine Kinder zur rechten Zeit."

Bis zum heutigen Tag wissen wir nicht, woher die Brötchen kamen.

Loslassen

Wolfgang und Gabriele Stief

Wenn alles vorüber ist, sieht man einzelne Ereignisse bekanntlich immer in einem besonderen Licht. So möchte ich (Wolfgang) mit einem Erlebnis beginnen, das lange Zeit vor unserem dreijährigen „Intensivkurs" mit Jesus in einem Gottesdienst in Clausthal-Zellerfeld geschah: Ich verkleidete mich als Bergsteiger. Mit dem langen, elastischen Seil, das um einer Schulter hing, wollte ich den Gottesdienstbesuchern den Unterschied zwischen Bergsteigen und Freiklettern verdeutlichen. Freiklettern – klettern ohne Seil – geschieht mit Angst vor dem (tödlichen) Absturz; Bergsteigen mit Seil ist frei von dieser Angst. Es ist gerade die Bindung ans Seil, die Freiheit bringt, weil man keine Angst vor Fehltritten haben muß. Übertragen heißt das: Die Bindung an Jesus bringt Freiheit, die Freiheit von Jesus bringt Bindung. Freiheit und Bindung können vieles bedeuten. Darum will ich konkreter werden:

Glücklich und zufrieden lebten wir, meine Frau Gabriele und unsere beiden Kinder, in einem schönen Städtchen im Oberharz in einem alten Haus. Für unsere Kinder war es die „Villa Kunterbunt". Direkt am Waldsee gelegen und mit vielen Spielmöglichkeiten war es ein wunderschönes Fleckchen Erde; für eine Familie mit kleinen Kindern wahrhaft ein Traum. Wir hatten eine gute Gemeinde, in der wir mitarbeiten konnten und wo wir uns sehr wohl fühlten.

Das Leben lief glatt: Ernennung zum Dr.-Ing. im

Februar 1991, unser drittes Kind konnte zu Hause das Licht der Welt erblicken, eine neue Arbeitsstelle war gefunden, Spielkameraden, Freunde lebten genau im Haus gegenüber ... Hier wollten wir immer wohnen bleiben. Aber es kam anders!

Es war an einem sonnigen, warmen Freitag, als mein Chef mich um 14. 00 Uhr anrief und mich zu sich bat. Er sagte nur, daß mein Arbeitsvertrag mit Ende der Probezeit beendet sein wird. Die Gründe erschienen mir damals unaufrichtig, soviel weiß ich noch heute. Betend fuhr ich nach Hause und hatte den Eindruck, daß das Gespräch nur ein böser Traum war. „Kann ja gar nicht sein, was der mir gesagt hat“, dachte ich – vielleicht auch, um die Furcht in mir zu vertreiben. Zu Hause sah ich das Kalenderblatt in der Küche: „Ihr Kleingläubigen, warum seid ihr so furchtsam?“ Mir war es, als ob Jesus vor mir gestanden hätte: „Wolfgang, warum bist so furchtsam?“

Uns saß der Schreck allmählich immer tiefer im Nakken. „Gott, was hast Du denn jetzt vor? Warum gerade wir? Es war doch alles so schön!“ Unser Pastor, unsere Freunde, wir alle verstanden dieses „Gleichnis“ nicht. Je näher die Arbeitslosigkeit auf uns zukam, desto stärker wurde die Gewißheit, daß „der Herr sie mit aller Treue weidete und sie leitete mit kluger Hand“ – ein Tageswort aus Psalm 78 am 8. September.

Ich bewarb mich im ganzen Bundesgebiet und bekam zwei Zusagen. Da Weihnachten vor der Tür stand, empfanden wir dies besonders als Geschenk Gottes. Ich unterschrieb den Vertrag eines Nürnberger Unternehmens. Bei aller Freude wurde die Trauer über die bald verlorene, paradiesische Heimat unendlich groß.

Diese Zerrissenheit hielt an. Meine Freude am ersten

Arbeitstag im Januar 1992 wurde überschattet von der Frage eines Betriebsratsmitglieds: „Was sollen Sie denn hier machen? Wir bauen doch überall ab." Ich war sprachlos. „Jesus, was soll das heißen?"

In einem Dorf in der Hersbrucker Schweiz fanden wir ein Haus. Damit stand der Umzugstermin fest. Ich sehe mich noch heute in unserer Küche stehen, wie ich zu unserem Sohn sagte: „Am Montag, dem 30. März, wird dein erster Schultag in der neuen Heimat sein. Schau doch mal, was auf dem Kalender steht." Was da stand, hat unsere ganze Familie getroffen und uns allen gleichzeitig Zuversicht gegeben. „Ihr werdet traurig sein, doch eure Traurigkeit wird sich in Freude verwandeln" (Joh. 16,20). Dieser Zuspruch Jesu war uns eine mächtige Kraftquelle. Wir rahmten diesen Vers ein und hängten ihn über unser Bett. Oft saßen wir abends am Bett von Sebastian (8 Jahre) und trösteten ihn und uns mit dieser Verheißung. Wir verließen unsere Heimat mit vielen Tränen. Wir mochten nicht mehr zurückschauen, als wir mit unseren Kindern das letzte Mal aus „unserer" Straße fuhren. Wir hatten das Gefühl, als ob man uns mit den Wurzeln aus dem Boden herausgerissen hätte.

Doch Gott machte sein Versprechen wahr: Ich hatte gehört, daß es in unserem Dorf Christen geben sollte. Ich rief sie gleich an; schon bald wurden sie unsere besten Freunde: Menschen mit einer noch nie erlebten, geistlichen Reife und einer großen Fröhlichkeit durch und mit Jesus. 400 km fern unserer geliebten, ehemaligen Heimat hatte Gott ein neues Nest für uns bereitet. Meine Frau Gabi und Sebastian hatten zwar oft noch arges Heimweh, doch immer wieder verwandelte Gott unsere Trauer in Freude. Er hatte es ja auch zugesagt. Neben der „richtigen" Gemeinde in Hersbruck wurde uns der Hauskreis zu einer wahren Lebenszelle. Nachbarn, Verkäuferinnen, Lehrer ... alle trugen dazu bei, daß wir uns wohlfühlen konnten.

Nur an der neuen Arbeitsstelle kriselte es immer mehr: Auftragsrückgang, Entlassungen. Nach knapp einem Jahr, in der Vorweihnachtswoche, sagte der Abteilungsleiter zu mir: „Wir haben für Sie im nächsten Jahr kein Projekt mehr.“ Und so stand ich wieder auf der Abschußliste; diesmal allerdings mit einer Verzögerung von neun Monaten, also zum 30. 9. 1993. Mir war die Verheißung „Er wird eure Trauer in Freude verwandeln“ allerdings so nah geworden, daß ich in meiner Abteilung nur Hoffnung und Zuversicht ausstrahlen konnte. Selbst als Kollegen mit einer Frist von 6 Wochen (!) gekündigt worden sind, andere Kollegen versetzt wurden, so daß meine Abteilung um 50% schrumpfte, sah ich keinen Grund zur Aufregung. Ich hatte ja gerade erlebt, wie Gott führte – warum sollte er es nicht noch einmal so machen?

Ich dachte oft an das Poster in unserem Eßzimmer, das fliegende Vögel am blauen Himmel zeigt mit dem Vers: „Seht hin auf die Vögel des Himmels, daß sie nicht säen noch ernten, noch in Scheunen sammeln, und euer himmlischer Vater ernährt sie doch. Seid ihr nicht viel vorzüglicher als sie?“

Nach ca. 60 Bewerbungen in der Umgebung – es wurde Mai – dämmerte mir aber langsam: Gott braucht uns wahrscheinlich an einer anderen Stelle. Gott sorgt schon für uns. Ich sehe mich noch eines Morgens um 4.00 Uhr aufwachen, aufs Wandregal schauen und denken: „Das habe ich doch gerade erst angeschraubt, ich will das nicht schon wieder abschrauben. Jesus, was soll das? Im Keller stehen noch Umzugskartons. Die möchte ich eigentlich erst mal ausräumen und nicht schon wieder in den LKW packen."

Über meinem Bett hing ein Gedicht von Jörg Zink:

Wir wissen nicht, ob etwas herauskommt
bei allem, was wir in Deinem Namen tun.
Aber das Werkzeug braucht sich nicht zu ängsten um den Sinn des Werks.
Wir sind dein Werkzeug.
Du hast uns in die Hand genommen.
Brauche uns.

Dazu ein anderer Text: „Wir sollen uns um die Belange unserer Arbeitsstelle sehr wohl Gedanken machen, jedoch brauchen wir darüber nicht in Sorge zu geraten."

Ich schrieb Bewerbungen, was die Zeit erlaubte, und erhielt Absagen, soviel unsere Kräfte erlaubten. Ein Arbeitskollege, dem auch gekündigt wurde, sagte eines Tages: „Ich glaub', ich nehm' mir einen Strick." Gott gab uns den „Strick" – die Bindung an ihn. Im Juli bekam ich eine schwere Mittelohrentzündung, an der ich heute noch leide. Es wurde ja auch zunehmend dramatischer. Der 30. September rückte immer näher. Oft hatte ich folgendes Bild vor Augen: Meine Familie steht am Rand eines tiefen Abgrunds, und Gott steht unten und fängt uns alle auf. Inzwischen wurden es 110 Bewerbungen – aber keine einzige Zusage. Als eines Tages wieder eine Absage ins Haus kam, war gerade eine unserer lieben Schwestern vom Hauskreis zugegen und tröstete mich mit den Worten: „Du brauchst doch keine 110 Zusagen, Wolfgang, sondern nur eine! Gott weiß das schon." – Natürlich!

Meine Frau hatte ein besonders schönes Erlebnis mit Gott. An einem total deprimierenden Tag schenkte ihr Gott ein Lied. Sie sagte: „Ich hatte das Gefühl, daß Gott den Text und auch die Melodie richtig in mich hineinrieseln ließ." Schnell faßte Gabi das Lied am Klavier in Noten, es wurde uns zu einem großen Trost. Der Text heißt:

1. *In dieser Zeit voller Zweifel und Traurigkeit, da stehst du da, streckst deine Hand nach mir aus. In dieser Zeit voller Angst und Zerrissenheit rufst du mir zu: „Komm und vertraue mir!"*
2. *In dieser Zeit voller Spannung und Ungeduld rufst du mir zu: „Komm und vertraue mir!"*
3. *Sei unverzagt und voller Zuversicht. Hör auf mein Wort und bleib mir treu.*

Ich bin dein Gott, dein sich'rer Fels und Hort. Ich stärke dich, ich helfe dir.

Refrain:
Und du strahlst mit deinem Licht,
die Macht der Finsternis zerbricht.
Und du bist da, du bist mir nah.
Und du schenkst mir wieder Mut,
füllst mich mit Kraft, Herr, Du bist gut.
Du bist mir nah, bist für mich da.
Zieh mich hin zu dir, mein Gott,
du bist mein Fels, mein Schutz, mein Hort.
Du bist mir nah, bist für mich da.
Du allein schenkst mir die Kraft,
nur du allein hast dazu die Macht.
Du bist mir nah, bist für mich da.

Der letzte Monat, September, begann. Es war seltsam verrückt. Trotz aller sich anbahnender, menschlicher Not (das Arbeitslosengeld würde gerade die Hausbelastung decken, unsere Ersparnisse für vier Monate den Lebensunterhalt) „freute" ich mich auf das Ende, da ich doch zu gerne wissen wollte, was Gott sich bei all dem wohl gedacht hat.

Gottes Wort wurde uns gerade in diesem Monat zu einer massiven Stütze und gab uns viel Zuversicht. Aber – eine neue Arbeitsstelle war nicht in Sicht. Das Wunder blieb aus. Die letzten Tage gingen vorüber. An der Arbeitsstelle drückte ich mich etwas vorsichtiger aus mit meiner Zuversicht. Aus „Gott hat bestimmt etwas für uns" wurde „Ich bin gespannt, was Gott mit uns vorhat".

So saß ich abends am 30. September, einem Donnerstag, an meinem Schreibtisch und betete: „Vater, Du siehst uns. Führe uns!" 114 Bewerbungen hatte ich in neun Monaten verschickt. Nichts! Die Zeit war doch so lange, aber es war eine andere Zeit; nicht mehr der Beginn der Achtziger, als man sich noch die Stellen auswählen konnte. Zweimal innerhalb kurzer Zeit mit Freude und Tatendrang eine Arbeitsstelle anzutreten und beide Male nicht durchstarten zu können, nicht gebraucht zu werden – das geht unter die Haut. Das traf unsere ganze Familie.

Am folgenden Freitagmorgen bin ich also zu Hause – allein, arbeitslos! Ich will gleich wieder loslegen, Bewerbungen zu schreiben. Da sehe ich auf meinem Schreibtisch den Spruch: „Wenn du keine Zeit mehr hast, um zu beten, dann tust du mehr, als Gott von dir verlangt." Ich fühle mich schlecht, weil ich mir vorstelle, daß Gott vielleicht anders gehandelt hätte, wenn ich nur zehn Bewerbungen geschrieben hätte und die andere Zeit mit ihm verbracht hätte. In dieser Verfassung werde ich gestört. Um 8.45 Uhr klingelt das Telefon. Ich werde gefragt, ob ich einen Ruf zum Professor für Regelungstechnik an die Fachhochschule Frankfurt/M. annehmen wolle.

Es war unfaßbar. Ich vergleiche unsere damalige Situation heute immer noch gerne mit dem Bild vom Sturz in den Abgrund. Kurz vor dem Aufprall hielt Gott seine Hände hin und fing uns auf. Für meine Frau erfüllte sich wortwörtlich die Stelle in 1.Kor. 10,13: „Gott aber ist treu, der nicht zulassen wird, daß ihr über euer Vermögen versucht werdet ..." Unsere Freude war grenzenlos. Mir war danach, durch die Straßen des Dorfes zu rennen, um zu jubeln und allen Menschen zu erzählen, was für einen herrlichen Gott es gibt. Meine Frau badete geradezu in Wasserbächen voller Tränen. Und wieder fiel uns der Vers aus Johannes 16,20 ein: „Gott wird eure Trauer in Freude verwandeln."

Am Sonntag erzählten wir die Geschichte im Gottesdienst. Am Montag ging ich noch einmal in die Firma, um – anders als vier Tage zuvor – nun richtig Abschied zu feiern. Der Hauptabteilungsleiter kam selbst; ich sah ihn noch nie so fröhlich. Er freute sich riesig über die Stelle. Ein vertrauter Kollege, mit dem ich viel über den persönlichen Glauben sprach, meinte: „Das scheint doch was mit Gott zu tun zu haben." Einige Monate später rief er mich an: „Es geht immer mehr bergab. Bete doch mal für uns. Du scheinst einen besonderen Draht nach oben zu haben."

Über eine Annonce in einer christlichen Zeitschrift fanden wir im Frankfurter Einzugsgebiet ältere Christen, die ihr Haus verkaufen wollten. Am Sonntag, dem 7. November 1993, schauten wir es uns an, sagten zu und lasen auf der Heimfahrt die Losung von Spurgeon aus Hebräer 4,3: „Denn wir, die wir glauben, kommen zur Ruhe ..."

Nun wohnen wir schon seit zwei Jahren hier, fühlen uns bei den Christen am Ort pudelwohl und haben keine Arbeitsplatzängste mehr. Wie (in der Regel) nur ein

Schlüssel zum Schloß paßt, so einzigartig paßt auch die Arbeit zu mir. Die Mitarbeit in einer kleinen Zweiggemeinde einer Evangelisch-Freikirchlichen Kirche hier am Ort erfüllt unser Leben.

Meine Frau möchte mit einem Wort von Hudson Taylor schließen:

„Wir wissen nicht, was die Zukunft bringen wird -,
aber wir kennen den, der derselbe ist gestern, heute und in Ewigkeit.
Wir legen unsre Hand aufs Neue in die Seine und bitten: Führe uns."

Immer weiter so?

Ursula Eifler

Ich lebte in großer Angst, war krank und hatte Sehnsucht nach Gott in meinem Leben. Ich nannte mich zwar Christ und besuchte auch hin und wieder Gottesdienste. Von diesen kam ich aber immer trauriger nach Hause zurück. Keiner konnte mir helfen, niemand nahm mir meine Ängste ab, und mit meiner Krankheit wurde es immer schlimmer. Ich hatte viel Schweres in meinem Leben erlebt. Ich hatte aber noch nicht entdeckt, daß, wenn mir schon Menschen nicht helfen können, Gott mir helfen kann. Doch – wo war Gott? Ich kannte ihn nicht, aber er kannte mich mit meinen Sehnsüchten.

Eines Tages erhielt ich eine Einladung zu einer Evangelisation mit dem Thema „Alle brauchen Christus". Mich trieb es förmlich an den Abenden ins Zelt. Dort habe ich die Gegenwart Gottes erlebt. Jesus Christus wurde der Herr meines Lebens. Von nun an konnte ich ihm in allen Dingen meines Lebens voll vertrauen. Ich wurde gesund und frei von meinen Ängsten. Ich kann heute nur staunen, wie Gott alles in der Hand hält und mich führt.

Nachdem die Zelttage vorüber waren, wollte ich noch mehr mit Jesus erleben. Während meiner Überlegungen, welcher Gemeinde ich mich anschließen solle, erhielt ich eine Einladung zu einem Hauskreis in Zeitz. In diesem Hauskreis traf ich einige Personen wieder, die ebenfalls während der Zeltevangelisation ihr Leben Gott anvertraut hatten. Die dichte Atmosphäre tat mir richtig gut.

Von da an besuchte ich regelmäßig die Gemeinde und fand in der Evangelisch-methodistischen Kirche meine geistliche Heimat. Mein Leben hatte einen Sinn gefunden! Heute kann ich sagen, daß ich froh und glücklich bin. Ein Leben ohne Jesus Christus kann ich mir nicht mehr vorstellen.

Eine glückliche Entscheidung

Eva Bauer

Ich lag im Bett und hatte Angst vor der Stille der Nacht. Zum Schlafen war ich zu aufgewühlt, keine Ablenkung schützte vor den mächtigen Gedanken, die sich mir aufdrängten. Die Tage und Wochen davor hatten mich innerlich ziemlich erschüttert. Mir war auf einmal klar geworden, wie unsicher alles im Leben war. Auch das Bild von meinem eigenen Leben, auf das ich mein Sicherheitsempfinden gebaut hatte, war wie weggeblasen. Ich erlebte mich als hilflos, den Stürmen des Lebens ausgeliefert.

Da war in meinem Inneren ein starkes Bedürfnis, mich und mein Leben ganz in Gottes Hand zu legen. Ich fühlte großen Schmerz darüber, daß ich Gott bisher nur eine Nebenrolle hatte spielen lassen. Viele Szenen standen mir plötzlich vor Augen, wo ich sogar vordergründig Richtiges aus ganz falschen Motiven getan hatte. Ich war geradezu unendlich traurig an diesem Abend – aber wurde über meine Entscheidung für Jesus gleichzeitig unendlich froh und erleichtert. Damals hatte ich noch keine tiefergehende Bibelkenntnis, aber soviel wußte ich schon: Jesus ist deshalb in die Welt gekommen, gestorben und auferstanden, daß wir Vergebung und einen neuen Anfang bekommen können.

Am nächsten Morgen stand ich sehr getröstet auf.

Ich erinnere mich, daß mir beim Aufräumen in der Wohnung etwas sehr Schweres mit Karacho auf die Hand fiel. Vor Schmerz vergingen mir fast die Sinne. Im gleichen Moment fiel mir ein, daß mein Leben ja nun Gott gehört. Das war so wunderbar, daß der Schmerz dazu in gar keinem Verhältnis stand. Vor Freude mußte ich lachen! Später störten mich in meinem Umfeld einige Gegenstände, Erinnerungsstücke an selbstherrliche Stunden. Ich warf sie kurzentschlossen in den Mülleimer, um Gott Platz zu machen. Daraufhin fühlte ich mich sehr wohl. Vor dem Fenster sah ich eine Frau, die ich kaum kannte. Und während ich zusah, wie sie vorbeiging, erwachte in mir der Wunsch, auch sie solle wissen, wie schön es ist, in Einklang mit Gott zu leben. Ein paar Tage später kam ich in eine Situation, in der ich früher grundsätzlich gelogen hatte. Diesmal verzichtete ich auf Unwahrheit und Aufbauscherei. Wie beglückend für mich, daß das möglich war!

In dieser ersten Zeit des entschiedenen Glaubens schwebte ich fast wie auf Wolken. Sicher dachten damals manche, es sei nur ein Strohfeuer. Deshalb bin ich froh, jetzt verraten zu können, wie lange diese Entscheidung für Gott her ist: fast 20 Jahre! Und sie gilt immer noch. Wenn ich in Ruhe Bilanz ziehe, weiß ich, daß sie das Gültigste ist, was es in meinem Leben je gegeben hat. Damit möchte ich andere Entscheidungen nicht herabwürdigen. Ganz wichtig war die Entscheidung für meinen lieben Mann oder die für meinen Beruf als Krankenschwester, den ich sehr mag. Aber mit Jesus zu leben, umschließt doch alles andere. Wenn Ehe oder Beruf zeitweise mehr Schweres als Schönes bringen, kann ich mir bei ihm wieder Kraft holen.

Ich kann nicht sagen, daß ich in den letzten zwanzig Jahren ununterbrochen bewußt zu Jesus gehalten hätte. Manchmal drängte sich soviel dazwischen, daß ich ihn nicht mehr richtig erkennen konnte. Aber auch in Augenblicken, wo ich gute Lust gehabt hätte, die biblischen Richtlinien gänzlich über Bord zu werfen, konnte ich die tiefe Erfahrung nicht los werden, daß ich Jesus gehöre, weil ich es selbst so haben wollte.

Ich kann meinen Lebensweg nicht anders deuten, als daß Gott mich hält. Und dazu benützt er nicht unwesentlich auch unsere Kirchengemeinde.

Der Traum

Thomas Maute

Ein Studienkollege von mir ging seit mehreren Jahren unregelmäßig in unsere Konstanzer Gemeinde. Es war nie so ganz klar, ob er wirklich gläubig war oder nicht. Ich hatte oft mit ihm zusammen gelernt, aber er verhielt sich eigenartig: Er machte sich selber schlecht, jammerte ständig und hatte manchmal leichte Depressionen. Mit ihm über den Glauben zu reden, war schwierig.

Als er seine Diplomarbeit schrieb, war er sehr frustriert. Es ging nicht so richtig vorwärts, und er jammerte sehr. Dann wurde er auch noch krank. Zu dieser Zeit kam er immer häufiger zu mir, um sich auszusprechen. Mir ging das anfangs ganz schön auf die Nerven. Aber so nach und nach begriff ich, daß er mich brauchte. Ich betete zu Gott, daß er mir Kraft gibt, ihm zu helfen. Mit der Zeit konnte ich dann seine immer gleiche Jammerei besser ertragen. Wir unternahmen öfter etwas gemeinsam: Joggen, Kino, Radfahren. So ging das ungefähr ein halbes Jahr lang.

In einer Nacht von Samstag auf Sonntag träumte ich, daß wir beide und meine Frau am Bodensee unterwegs wären, zur Rast auf einer Bank säßen und ich mit ihm über den Glauben redete. Am nächsten Tag ging ich zum Gottesdienst, wo ich auch meinen Freund traf. Wir verabredeten uns für den Nachmittag zum Radfahren. Meine Frau war auch dabei. Wir fuhren etwas vom Bodensee weg ins Schweizer Hinterland und machten dann irgendwann eine Pause auf einer Bank. Auf einmal merkte ich, daß dies genau die Situation war, die ich geträumt hatte. Ich beschloß herauszufinden, ob dieser Traum vielleicht prophetisch war. So fing ich ein Gespräch mit ihm an und versuchte vorsichtig, mit ihm über den Glauben ins Gespräch zu kommen. Ich spürte plötzlich eine Offenheit bei ihm wie nie zuvor. Schließlich kamen wir bis zu dem Punkt, wo ich ihn fragen konnte: „Weißt du, ob du gerettet bist?" Er antwortete: „Nein." Ich fragte ihn, ob er wisse, was er dazu tun müsse. Er sagte: „Ja." Ich hatte das Gefühl, daß er Angst hatte, diesen Schritt der Übergabe zu tun. Er sagte, er müsse vorher noch viel in seinem Leben ändern. Ich versuchte ihm zu erklären, daß er so zu Gott kommen könne, wie er ist.

Wir fuhren wieder heim. Es vergingen mehrere Wochen. Und dann geschah das Wunder. Mein Freund traf eine Entscheidung für Jesus. Heute kommt er regelmäßig in die Gemeinde. Er ist zwar arbeitslos, aber trotzdem viel zuversichtlicher als früher.

Es gibt nur einen Erlöser!

Hans Schilling

Meine Heimatstadt ist Hamburg. Ich stamme aus einer Familie, die mit der Kirche wenig Kontakt hatte. Mein Vater war als junger Mann bewußt aus der Kirche ausgetreten. Deshalb wurde ich als Kind auch nicht getauft. Meine Eltern meinten, ich solle mich später selber entscheiden. Ich nahm aber als Grundschüler freiwillig am evangelischen Religionsunterricht teil. Mit dem Beginn der Bombenangriffe auf Hamburg verlegte man unsere erste Klasse der Oberschule in den Bayerischen Wald. Dort wurde ich später als Gymnasiast Gastschüler im katholischen Religionsunterricht.

Dann kam die Zeit des Studiums in Erlangen bei Nürnberg. Als Student der Naturwissenschaften (Biologie, Chemie, Geographie) habe ich viel nach Wahrheit, Erkenntnis und auch Hilfe gesucht. Ich merkte: Es geht im Leben nicht ohne einen zuverlässigen inneren Halt, eine feste Lebensgrundlage. Aber ich hatte keine! So las ich Laotse und Kungfutse, Schriften aus dem Hinduismus und Buddhismus und manches andere aus Philosophie und Religion.

Im Verlauf dieser inneren Suche stand ich an einem Karfreitag sehr nahe an der Tür zum christlichen Glauben. Ich verbrachte diesen Tag allein in meiner Studentenbude und hörte eine Sendung des Süddeutschen Rundfunks „Die sieben Worte Jesu am Kreuz“, die mich sehr bewegte. Vor allem das Wort Jesu „Mein Gott, mein Gott, warum hast du mich verlassen?“ ergriff mich damals so, daß ich beschloß, ein Christ zu werden.

Ich besuchte eine Kreuzwegandacht in einer kleinen katholischen Kirche in Erlangen. Nachher bat ich den Stadtpfarrer, den ich sehr schätzte, mich doch zu taufen. Während des Taufunterrichts kamen mir aber so viele menschliche Bedenken, daß ich sehr zögerte. Der Geistliche war ein Mann mit viel Weisheit und Lebenserfahrung. Er sagte: „Man soll in diesen Dingen nichts erzwingen – so gehen Sie zunächst alleine weiter und sehen Sie, wie weit Sie kommen.“

Wenige Wochen später kam ich zu einer älteren Bekannten unserer Familie. Sie war Anhängerin der Yogalehre zur Geistesbeherrschung (Raja-Yoga). Diese Lehre hatte mich schon als Gymnasiast sehr interessiert, da sie behauptet, man könne bei hinreichender Übung in Meditation und Konzentration „bei Lebzeiten erlöst werden“. Ich ließ mich zum Meditieren anleiten. So wurde Yoga meine „Religion“. Außerdem stellte diese Bekannte mir ein ausführliches Horoskop und zeigte mir, wie man pendelt. Das ist in diesen Kreisen so üblich. Aber ich ahnte damals nicht, welche Auswirkungen alle diese Dinge haben sollten!

Nachdem ich einige Jahre ernstlich dem Yogaweg gefolgt war, wurde ich sehr beunruhigt. Ich merkte nämlich, daß ich gedrängt wurde, mich von meinen Angehörigen zu lösen und in gewisser Weise in die Isolation zu gehen. Aus der klassischen Yogaliteratur kannte ich genügend Beispiele dafür. Zu dieser Isolation war ich nicht bereit. Ich brach die Verbindung zu der Yogalehrerin mit aller Deutlichkeit ab und meinte, damit sei die Sache erledigt.

Aber von dem Zeitpunkt an war es, als bräche die Hölle

über mich herein. Ich bekam okkulte, dämonische Mächte zu spüren, die mich bis in den leiblichen Bereich hinein bedrängten, als wollten sie von mir Besitz ergreifen. Der Apostel Paulus hat solche Kräfte auf seinen Missionsreisen offenbar sehr stark erlebt. Er schreibt nämlich an die Epheser: „Denn wir kämpfen nicht gegen Menschen. Wir kämpfen gegen unsichtbare Mächte und Gewalten" (Epheser 6,12). Diese Mächte haben mich damals sehr belastet und mit Angst erfüllt.

Um dieser üblen Situation zu entkommen, versuchte ich es mit einem Wechsel des Ortes und der beruflichen Tätigkeit: vom Hochschul-Assistent zurück in den Lehrberuf am Gymnasium. – Jedoch ohne Erfolg. Ich merkte, daß diese Kräfte ein doppeltes Ziel hatten: entweder mich auf den alten Yoga-Weg zurückzubringen, was sich später auch sehr massiv in Träumen zeigte, oder mich zu vernichten.

Eines Tages war ich mit meinen physischen und psychischen Kräften am Ende. Ich war verzweifelt. Ich kannte keinen, bei dem ich Rat oder Hilfe bekommen hätte. Wer aus meinem Bekanntenkreis wußte schon etwas über Yoga und diese Kräfte?

In meiner großen Not ging ich an diesem Tag in der Nähe meines Wohnortes Weißenburg auf eine Anhöhe, auf der ein Freilufttheater liegt. Es trieb mich innerlich auf diesen Berg. Auf dem Weg dorthin griff Gott nach dem Karfreitagserlebnis in Erlangen ein zweites Mal in mein Leben ein. Er rief mir einen Satz ins Gedächtnis, den ich sicher einmal irgendwo gelesen hatte: „Christus ist doch allmächtig!"

Diese Aussage ergriff ich wie einen letzten Strohhalm. Ich fing an zu beten wie wohl nie wieder in meinem

Leben, und ich bin heute überzeugt, daß Gott selbst mir dieses Gebet in den Mund gelegt hat: „Herr Jesus Christus, ich glaube, daß du allmächtig bist und mich auch aus dieser furchtbaren Lage retten kannst – und darum bitte ich dich!“ So schrie ich auf dem Weg bergauf innerlich zu Christus. Und ich merkte: Jetzt geht es um alles, um Leben oder Tod.

Nach vielleicht einer Viertelstunde erfaßte mich plötzlich die Kraft Christi als eine gewaltige Kraft von oben, und die bedrängenden Mächte mußten weichen.

Ich stand seit Wochen zum ersten Mal wie in einem Raum der Geborgenheit. Außerdem bekam ich eine klare und deutlich gesprochene Antwort zugerufen: „Dir geschehe, wie du geglaubt hast!“ Seit jener Stunde bin ich ein Christ.

Schon einige Monate nachdem ich Jesus gefunden hatte und mit ihm den Sinn meines Lebens, rief er mich auch zum Dienst. Dies war, zeitlich gesehen, ein zur inneren Erneuerung paralleles Geschehen. Anfangs hatte ich mal eine Bibelstunde, dann auch mal eine Predigt in unserer Gemeinde zu halten, später ging es hier und da um einen Vortrag in anderen Gemeinden, um Mitarbeit bei Freizeiten, bei Bibelwochen, aber auch bei den Morgenandachten in unserer Schule.

Eine besonders eindrückliche Erfahrung war mir, daß ich bei dieser Mitarbeit im Reiche Gottes neben mancher Anfechtung viel Freude erlebte. Dies führte mich zu der immer deutlicheren Erkenntnis: Die Erfüllung meines Lebens wird um so tiefer, je mehr ich bereit werde, Gott von Herzen zu dienen. Dies geschieht sicher im gleichen Maß, wie auch die Liebe zu ihm wächst.

Eines Tages stieß ich auf das Wort, das Wilhelm Löhe

seinen Diakonissen als Leitspruch für ihre diakonische Arbeit mit auf den Weg gab: *Was will ich? Dienen will ich! Und was ist mein Lohn? Ich dien' um keinen Lohn. Mein Lohn ist, daß ich darf!*

Diesen Ausspruch habe ich mir zu eigen gemacht. Allmählich begreife ich: Hier liegt ein besonderes Geheimnis für ein erfülltes Leben!

Solange ich berufstätig war, mußte der Dienst ja immer neben dem Lehrberuf am Gymnasium einhergehen. Das änderte sich, als ich in den Ruhestand verabschiedet wurde. Meine Kollegen meinten damals: Du Glücklicher, nun kannst du endlich all die Hobbies pflegen, für die du vorher keine Zeit hattest. Aber der Herr gab mir einen ganz anderen kühnen Gedanken ins Herz: ‚Jetzt könntest du ganz für mich da sein!' Zutiefst angesprochen griff ich diesen Gedanken auf und bewegte ihn mit seinen Konsequenzen einige Tage lang. Danach antwortete ich Gott mit meinem Ja.

Deshalb sagte ich meinen Kolleginnen und Kollegen beim Abschied: „Ich gehe nun ganz. Bitte rechnet schulisch nicht mehr mit mir!"

Seitdem macht Gott meinen Terminplan! Es erreichen mich nun immer wieder Anfragen zum Dienst im Reich Gottes, vor allem als Referent für Bibelwochen. Sie kommen nicht nur aus Mittelfranken, wo ich wohne, sondern auch aus Oberfranken, aus Sachsen und jetzt sogar aus Brandenburg. Ich folge diesen Anfragen gern und erlebe, wie Gott mich bei der Vorbereitung und bei der Erfüllung dieser Aufgaben mit seiner Gegenwart und Inspiration begleitet und mit großer Freude beschenkt.

Heute muß ich bekennen: Ich habe einen so schönen

aktiven Ruhestand, wie ich ihn selber nie hätte planen können.

Als Summe aller Erfahrungen mit Gott darf ich jetzt sagen: Mein Leben ist sehr froh geworden, trotz mancher körperlicher Beschwerden, die ich natürlich genauso wie andere Menschen im Seniorenalter erlebe, denn: Gott selber hat mein Leben reich gemacht. Aber nicht in erster Linie durch irgendwelche Dinge, die er mir schenkte, sondern zuerst und vor allem durch seine Gegenwart. Meine Grunderfahrung ist die Freude, die von ihm kommt. Ich empfange in meinem kleinen Leben das gleiche Geschenk, daß einst Abram zuteil wurde, als der Herr zu ihm sagte: „Fürchte dich nicht, Abram! Ich bin dein Schild und dein sehr großer Lohn“ (1. Mose 15,1).

Die richtige Antwort

Ingeborg Hecker

Mit fünfzehn Jahren habe ich anläßlich einer Jugendevangelisation in Gera die große Freude meiner Bekehrung erlebt. Ich fühlte und wußte dort sogleich, daß ich ganz persönlich gemeint war, und in mir entstand sofort die Sehnsucht, von dieser Erfahrung „Zeugnis abzulegen", wie wir das damals sagten.

Nach einer begeisternden Freizeit auf Schwarzenshof, die unser Jugendsekretär Dr. Theophil Funk leitete, begann Anfang der Fünfziger Jahre meine staatliche Ausbildung als Kindergärtnerin. Die neuentstandene DDR hatte das Volksbildungsministerium fest in der Hand; die Dozenten an unserer Schule in Weimar waren überzeugte Kommunisten, die dazu beauftragt waren, die heranzubildenden Erzieher zu staatspolitischen Menschen zu machen. Schnell sprach es sich im Schulbetrieb herum, daß sich unter den Studentinnen eine „Kirchliche" befand, eine Bürgerliche also und Anhängerin einer verderblichen Ideologie. Man versuchte auf alle mögliche Art und Weise, mich von der Schule zu entfernen. Ich aber liebte meinen Beruf und empfand allmählich Schmach und Beeinträchtigung als Herausforderung, nun erst recht treu zu bleiben. Es wurde mir von Schritt zu Schritt deutlich, daß der Segen Gottes bei mir ist, wenn ich provokative Fragen nach meiner „Gläubigkeit" bejahte und einfach dabei blieb – mit oder ohne Worte. Wir hatten ja in diesen Jahren vor dem 17. Juni 1953 ein sehr strenges, autoritäres politisches Gewaltsystem zu bestehen. Es gab niemand, die nicht im kommunistischen Jugendverband war; zu besonderen Anlässen war das Tragen der FDJ-Kleidung Pflicht. Entlassung aus dem Jugendverband bedeutete automatisch Studienabbruch. Es kam eine Order vom FDJ-Hauptvorstand, daß jedes FDJ-Mitglied in einem persönlichen Gespräch auf seine Zuverlässigkeit geprüft werden müsse.

Ich sehe mich noch heute, wie ich in blauer FDJ-Bluse mit meinen Kolleginnen im Vorbereitungszimmer zusammentraf. Mitleidig sprachen manche zu mir: „Heute, Inge, machen sie dich fertig!" Ich zuckte mit den Achseln, weil das alles schon lange nicht mehr meine Sorge war. Gott wußte, was mir bevorstand. Als ich dann zum Gespräch mit hochkarätigen FDJ-Funktionären gebeten wurde, die ich alle nicht kannte, sah ich vor ihnen meine Akte liegen; mir war sofort klar, wie genau ich ihnen „bekannt" war. Man stellte mir ein paar direkte oder indirekte Fragen, die mir wie eine Vorbereitung zum Hauptproblem erschienen. Ich weiß noch, wie ruhig ich war und daß ich mich nicht fürchtete. Ich fühlte mich durch die Nähe meines Herrn so sicher, als stünde ich in stiller Sicherheit über all ihren Ränken und Fangfragen.

Plötzlich stand eine scharfe, wohl akzentuierte Provokation im Raum: „Gut, du liebst deinen Beruf, aber du weißt doch auch, daß wir sozialistische junge Menschen zu erziehen haben. Was wirst du einem Kind antworten, wenn es dich fragt: ‚Gibt es einen lieben Gott?'" Entsetzt hörte ich die Frage. Ja, hier war das eigentliche Problem, mit dem ich bis dahin noch nicht konfrontiert worden war. „Herr", schrie ich innerlich, „jetzt, jetzt hilf mir!" Sofort hüllte mich Gottes Gegenwart ein, und ich sprach aus, was ich zum Anlauf brauchte: „Um euch zu antworten, müßt ihr mir die Frage noch einmal wiederholen". Lässig und zugleich eindringlich kam man meiner Bitte nach. Noch während sie sprachen, wußte ich plötzlich meine Antwort.

Sicherlich war es nicht von ungefähr, daß ich mich damals mit dem Studium der Verfassung der DDR beschäftigt hatte und gerade den Passus über Religionsfreiheit als „unverzichtbares Zeichen einer wirklichen Demokratie zum Schutze der Familie" nachdenklich zur Kenntnis genommen hatte. So antwortete ich: „Wenn mich das Kind fragt, werde ich sagen: Frage deine Mutter! Die Verfassung sagt Religionsfreiheit zu als persönliches Recht eines Menschen!"

Verblüfft schauten sie mich an. Eine junge Frau wollte mir übereifrig ins Wort fallen. Sie wurde aber von dem Leiter der „Prüfungskommission" unterbrochen. Anerkennend nickte er mir zu, erhob sich und erklärte der Gruppe, daß gegen meine Person „keinerlei Einwände" bestünden.

Wie deutlich spürte ich in diesen gefährlichen Zeiten die überschwengliche Fürsorge Gottes – und wie glücklich war ich darüber! Ich wurde dann bald leitende Kindergärtnerin in einem Dorf, wohin niemand wollte. Ich wurde ständig beobachtet und von Kommissionen beschickt, die meine Arbeit „überprüften". In solchen Situationen empfand ich mich meist stark und mit Klugheit begabt – wie eine Schlange, doch begnadet mit Einfalt, wie sie Tauben haben nach der Schrift. So bekamen wir Vordrucke zugeschickt, die wir gewissenhaft auszufüllen hatten. Ich mußte mit meiner Unterschrift bestätigen, daß ich niemals in das damals noch zu erreichende West-Berlin reisen würde. Da ich selbstverständlich bei Gelegenheit auch nach West-Berlin fahren wollte, schaute ich ein wenig zögerlich auf das Papier. Ich füllte es nicht aus und behielt es in der Schreibtischschublade. Keiner hat mich je danach gefragt.

Der Herr meines Lebens

Friedrich Jeske

Während einer Freizeit im Hause der Aidlinger Schwestern am Titisee erlebte ich mit meiner Frau Tage der Güte und Gnade Gottes. Durch Gottes Wort, welches die lieben Schwestern in den Morgen- und Abendandachten so klar verkündigten, spürte ich die Kraft und den Reichtum des Wortes Gottes.

Ein besonders frohes und unbeschreibliches Ereignis war die persönliche Begegnung mit meinem Heiland: Als ich bei einer Abendandacht nur ganz kurz meine Augen schloß, erfaßte mich plötzlich eine sonderbare Wärme und die Nähe Jesu, der mir die Worte zusprach: „Ich bin bei dir und will auch weiterhin bei dir sein und dich führen."

Dieses freudige Erlebnis kann ich in Worten kaum wiedergeben. Ich weiß mich vom Herrn angenommen, er hat mich bei meinem Namen gerufen und vor allem Bösen bewahrt.

Ich vertraue Gottes Versprechen: „Ich will dich mit meinen Augen leiten" – und danke dem Herrn für alles, was er an mir getan hat, und freue mich, daß er der Herr meines Lebens ist.

Weichenstellungen von „oben“

Johannes Bär

Gott schenkte meiner Frau und mir fünf gesunde Kinder. Mein Junge verunglückte sehr schwer im Alter von sieben Jahren mit einem luftbereiften Trittroller, als er eine steile Straße hinabfuhr. Beim Sturz durchbohrte der Lenker die Bauchdecke bis ins Innere. Schwerverletzt wurde er ins Krankenhaus eingeliefert und sofort operiert.

Ich war gerade zur jährlichen Konferenz in Aue, als mich diese Nachricht erreichte. Die Mitglieder der Konferenz beteten für den Jungen. Als meine Frau und ich uns bei der Ärztin im Krankenhaus meldeten, war deren erster Satz: „Diesem Jungen hat ein Schutzengel beigestanden, anders kann ich mir das nicht erklären.“ Als ich wieder nach Aue zurückfuhr und Bischof Wunderlich informierte, sagte dieser: „Noch ehe sie rufen, will ich antworten“ (Jes.65,24).

Obwohl es damals fast unmöglich war, ohne Jugendweihe einen Studienplatz zu erhalten, haben vier von unseren Kindern ein Studium absolviert. Bei unserem Sohn schien ein Studium nach Abitur und Berufsausbildung zunächst fraglich zu sein, da der Betriebsleiter des Ausbildungsbetriebes den Beitritt zur SED als Bekenntnis zum sozialistischen Staat und dessen Ideologie forderte. Mein Sohn fragte mich um Rat. Ich schlug vor, mit offenen Karten zu spielen, seine christliche Erziehung anzuführen und zu erklären, daß der Beitritt zu einer atheistischen Partei schwerwiegende Folgen im Verhältnis zu seinen Eltern nach sich ziehen werde. Überraschenderweise war die Antwort dieses Mannes: „Genauso wie bei mir. Zwischen meiner Mutter und mir herrscht ebenfalls friedliche Koexistenz." Damit war eine Entscheidung gefällt, die seine Mitschüler zunächst gar nicht glauben wollten.

In einem kleinen Dorf kennt jeder die christliche Einstellung des anderen. So war meine ebenfalls kein Geheimnis, da ich über viele Jahre im Ort den Kindergottesdienst leitete und ebenfalls als Predigthelfer tätig war. Hat man zudem als Wirtschaftsfunktionär der volkseigenen Industrie eine bestimmte Position, so ist es ganz normal, daß sich der Staatssicherheitsdienst für einen interessiert. Ich erfuhr dies ziemlich zeitig, als mich der Vorsitzende der „Nationalen Front" (Dachorganisation der damals zugelassenen politischen Parteien) des Ortes zu einem Gespräch unter vier Augen einlud. Er empfahl mir dringend und in meinem Interesse, mich wenigstens etwas politisch zu betätigen, da „sie" dagewesen wären und Informationen über mich eingeholt hätten. Im Laufe des Gesprächs sei meine kirchliche Tätigkeit als unvereinbar mit meiner beruflichen Stellung erkannt worden. Für mich war dieses Gespräch jedoch kein Grund für eine Gesinnungskorrektur. Ich war bereit, eventuelle Konsequenzen im Ernstfall zu tragen. Daß dieser Ernstfall nicht eingetreten ist, betrachte ich nicht als mein Verdienst. Es war ein Wunder Gottes.

Außenstehende konnten das natürlich nicht verstehen. Ich erhielt deshalb immer wieder Anfragen, auch aus dem Kreis naher Verwandter, wie es mit meiner Parteizugehörigkeit stehe. Ich konnte meine berufliche Stellung und meine christliche Einstellung und Tätigkeit nicht auf einen gemeinsamen Nenner bringen. Und in der Tat, man kann selbst fragend werden, wenn man als Parteiloser inmitten von „Bonbonträgern“ (Parteiabzeichen der SED) in mehreren Arbeitskreisen auf der ministeriellen Ebene sitzt, Zuarbeit zu Ministerratsbeschlüssen leistet oder auch als verantwortlicher Arbeitskreisleiter in der Regierungskommission für Preise tätig ist.

Ich möchte betonen, daß ich dies keinesfalls allein meinem Intellekt zuschreiben konnte. Durch die Weichenstellung von oben in meiner Berufsausbildung und den nachfolgenden Jahren hatte ich Erfahrungen auf dem Gebiet der Verwertung textiler Sekundärrohstoffe gesammelt. Diese konnte ich zu einem Zeitpunkt der Rohstoffknappheit in der DDR nutzbringend anbringen. Durch Überbetonung dieser Rohstoff-Ressourcen in der DDR-Wirtschaft ergaben sich jedoch große Probleme. Sehr oft stand ich vor Aufgaben, die für mich eine Nummer zu groß waren. In dieser Situation war es für mich tröstlich zu wissen, daß Gott mich an diese Stelle gestellt hatte und er mir weiterhelfen würde.

Blitzpredigt

Ruth Bär

Es war an einem Sonntag im Jahr 1996 kurz vor acht Uhr früh. Wir saßen am Frühstückstisch, als das Telefon läutete. Ich ging hin. Unser Pastor meldete sich: „Ruth, mir geht es mies. Durchfall. Ich pendele seit sechs Uhr ununterbrochen zwischen Bett und Klo. Es ist nicht dran zu denken, daß ich heute die Gottesdienste halten kann. Wärst du bereit einzuspringen? Hast du nicht eine alte Predigt, die du dafür gebrauchen kannst?“

Seine Stimme klang elend, und ich sagte zu. Ein paar Monate zuvor hatte ich meinen Vater – ein Laienprediger aus Großbritannien – gefragt, wie lange er braucht, um eine Predigt vorzubereiten. Seine Antwort war: „Am schnellsten war es nötig, als unser Pastor während des Liedes vor der Predigt einen Schwächeanfall erlitt. Da hatte ich höchstens eine halbe Minute Zeit! Das war allerdings eine Ausnahme. Und trotzdem erfuhr ich dabei mehr als sonst, daß Gott die richtigen Worte schenkt, wenn jemand bereit ist, sich darauf einzulassen.“ Als ich das hörte, nahm ich mir vor, in einer ähnlichen Situation auch so zu handeln. Nun war diese Situation eingetreten.

Während ich schnell zu Ende aß, bat ich meinen Mann und die Kinder, verschiedene Pflichten (Vorbereitung des Mittagessens und Begrüßungsdienst in der Kirche) für mich zu übernehmen. Denn ohne ihre Hilfe hätte ich dieses Wagnis nicht eingehen können. Danach rief ich unseren Organisten an und bat ihn, mich anstatt den Pastor für den Gottesdienst in Pommelsbrunn abzuholen. Die vom Pastor ausgewählten Lieder konnten bleiben. Um zwanzig nach acht Uhr wollte er mich abholen. In der Zwischenzeit schaute ich rasch meinen Predigtordner ohne Erfolg durch. Ich hatte zwar einige Predigten, die ich hier noch nicht gehalten hatte, doch keine davon paßte für einen Passionsgottesdienst zwei Wochen vor Ostern. Im Zusammenhang mit den Liedern zur Passionszeit hatte ich einige Gedanken, auch Bibelstellen fielen mir ein. Ich beschloß daher, mit Gottes Hilfe spontan zu predigen.

Manfred war pünktlich. Im Auto suchte ich noch Bibelstellen aus und notierte vier oder fünf Stichwörter, ehe wir ankamen. Vom Beginn bis zum Ende des Gottesdienstes spürte ich die Nähe Gottes, ich erlebte keinerlei Nervosität. Nie fehlten mir die Worte. Sie wurden mir geschenkt und bewegten sichtlich die Zuhörer. Lieder, Gebete, Lesungen und Verkündigung vereinten sich zu einem wirklich harmonischen Gottesdienst. Anschließend wiederholte sich alles noch einmal in Hersbruck. Die beiden Gottesdienste waren spürbar gesegnet, was auch im nachhinein von vielen Gemeindegliedern bestätigt wurde.

Ich weiß, daß ich von mir aus niemals einen Gottesdienst in so kurzer Zeit zustande gebracht hätte. Ich bin darum sehr dankbar für diese herrliche Erfahrung der Hilfe Gottes. Ich möchte jeden ermuntern, in Krisensituationen Gott zu vertrauen. Ich bin fest überzeugt: Wenn Gott etwas von uns will, so wird er auch tatkräftig dabei helfen, wenn wir nach seinem Willen handeln; und es wird gut werden.

Gott schenkt Wachstum!

Ruth Bär

Wir gehören zur Evangelisch-methodistischen Kirche. 1969 zogen wir als junge Familie nach Hersbruck. In einer kleinen Gemeinde fanden wir unsere geistliche Heimat. Im Laufe der nächsten 15 Jahre ging es jedoch dieser Gemeinde sowie anderen kleinen Nachbargemeinden mehr schlecht als recht. Sie waren überaltert.

Obwohl es in Hersbruck zwei und in Pommelsbrunn eine Familie mit Kindern gab, wurde es mir immer deutlicher, daß wir diese Kinder über kurz oder lang verlieren würden. Andere örtliche Kirchengemeinden boten ihnen mehr Abwechslung und größere Gruppen. Pommelsbrunn hatte die segensreiche Sonntagsschularbeit bereits aufgeben müssen, als die dortige lutherische Kirche ihre Kindergottesdienstarbeit anfing. In Hersbruck fanden zwar gut besuchte Kinderstunden am Samstagmorgen statt, den Sprung über diese Stunden ins Gemeindeleben schafften jedoch weder die Kinder noch ihre Eltern. Lediglich zu den Familiengottesdiensten kamen ab und zu vereinzelt Eltern, um ihren Sprößlingen beim Spielen und Singen zuzuschauen.

Immer klarer erkannte ich, wie unsere beiden kleinen Gemeinden langsam aussterben würden. Ich bin zwar nicht der Typ, der kampflos aufgibt – aber lange Zeit wußte ich nicht so recht, was wir dagegen noch tun konnten. Da wurde ich plötzlich eine hartnäckige Idee nicht los: Wir mußten versuchen, einen hauptamtlichen Mitarbeiter nach Hersbruck zu bekommen. In Nürnberg bei der Hauptgemeinde waren zwei Pastoren und eine Gemeindeschwester, so daß mir diese Idee nicht so abwegig schien.

Ich wußte, daß wir dringend einen Ansprechpartner am Ort brauchten, der sich wirklich mit uns abgeben und unseren Kampf ums Überleben mit uns kämpfen würde. Die Pastoren predigten zwar oft bei uns, sie waren aber trotzdem kaum durchschnittlich zwei Stunden in der Woche wirklich vor Ort. Voll erreichbar waren sie natürlich selbst dann nicht. Ich hatte das Gefühl, wir müßten dies unbedingt ändern, falls wir als Gemeinde überhaupt Interesse an einem Überleben hatten.

Ein von uns allen unterschriebener Brief an die Bezirkskonferenz schien mir der geeignetste Weg zu sein, den ersten Schritt in diese Richtung zu tun.

Anfangs hatte ich keine Bedenken, daß die Gemeinde nicht hinter mir stehen würde. Umso überraschter war ich, als es darum ging, die Unterschriften unter dem Brief zusammenzubekommen. Es war durchaus nicht leicht! Einigen gefiel das Gemeindeleben, so wie es war, und sahen keine Notwendigkeit für eine Änderung. Da hieß es: „Wir haben unsere Bibelstunden und Gottesdienste. Wir brauchen doch nichts anderes." Andere meinten: „Die Nürnberger werden einem solchen Plan niemals zustimmen. Sie brauchen selber die Hauptamtlichen." Ein paar sagten, es hätte keinen Sinn mehr, überhaupt etwas ändern zu wollen – so unter dem Motto „Tote kann man nicht mehr beleben". Und manche hatten Bedenken, ihren Namen überhaupt unter ein solches Begehren zu setzen, vielleicht aus Angst vor den Folgen oder aus Bequemlichkeit. Ich fühlte mich zunehmend allein und auf verlorenem Posten.

Obwohl ich verunsichert war, hatte ich trotzdem dieselbe Überzeugung wie zuvor, daß dieser Versuch gemacht werden sollte. Ich hatte das Gefühl, mit meinem christlichen Gewissen nicht mehr im reinen zu sein, wenn ich dieses Unternehmen wegen solcher Widrigkeiten im Stich lassen würde. Mehrmals sprach ich über die Notwendigkeit, zumindest den Versuch zu wagen. Ich wollte möglichst alle für diese Idee gewinnen und überzeugen und sprach bei jedem Gemeindeglied, Angehörigen und Freund vor. Auch unser Pastor Schilling nahm rege Anteil daran. Er war gerne bereit, sich mit seiner Familie versetzen zu lassen, um den Kampf mit aufzunehmen.

Gerade noch rechtzeitig zur Bezirkskonferenz im Frühjahr 1984 war der Brief samt Unterschriften endlich fertig. Ein zweiter Brief mit Unterschriften der Amtspersonen anderer Kirchen am Ort scheiterte. Der lutherische Dekan war angeblich bereit zur Zusammenarbeit mit unserer kleinen Gemeinde, aber nicht bereit, sich auch schriftlich festzulegen. Auch meinte er, der Plan sei sowieso undurchführbar und müsse an den Kosten scheitern. Ohne eine Unterschrift vom Dekan aber unterschrieben die meisten Pfarrer ebenfalls nicht.

Der weitere Weg war auch nicht einfach. Was weiter in Hersbruck geschah und wie Gott unseren Einsatz reichlich segnete, möchte ich hier in Stichworten weitergeben:

Am 2. 5. 1984 fand die erste Sitzung des neuen Vorstands statt. Einiges wurde besprochen, Pläne wurden geschmiedet und die Räumlichkeiten bedacht.

Es gab Gespräche zwischen dem evangelischen Dekan und unserem Pastor, die jedoch nicht sehr erfolgreich waren. Der Dekan fürchtete unsere zu erwartenden Aktivitäten, die eventuell in seinen Bereich übergreifen könnten.

Im Frühjahr 1985 fand ein mehrtägiger Einsatz der Aktion „Junge Menschen missionieren" statt. Das alte Gebäude, ein Bauernhaus aus dem Jahr 1792, in dem die bescheidenen Gemeinderäume sich befanden, wurde so gut wie möglich restauriert und ausgenutzt.

Dann fand die 4. Vorstandssitzung in Hersbruck statt. Es war immer noch ein starkes Anliegen, daß der Sitz des zweiten Pastors nach Hersbruck verlegt wird.

Bei der nächsten Bezirkskonferenz wurde dann endlich bestimmt, daß Pastor Schilling für drei Jahre nach Hersbruck versetzt wird, um die Arbeit vor Ort zu leiten. Danach wollte man noch einmal darüber entscheiden, ob dieser Beschluß rückgängig gemacht werden muß oder nicht. Schleunigst wurde eine passende Wohnung für Familie Schilling gesucht und gefunden. Folgende Begebenheiten beweisen, daß diese mutige Entscheidung richtig war:

Ab September 1986 kam ein Team mit drei jungen Frauen von „Junge Menschen missionieren" für ein Jahr nach Hersbruck. Seit langer Zeit kamen die ersten Fremden zu den Veranstaltungen.

Im Oktober 1986 wurde das „Christliche Buchcafé" ins Leben gerufen. Hier wurden nicht nur christliche Literatur und Tonträger angeboten, sondern auch Getränke, Kuchen und Gespräche. 1996 feierte es sein 10jähriges Jubiläum. Über dieses Buchcafé sind mehrere der neuen Mitglieder in engeren Kontakt mit der Gemeinde gekommen.

Die Gottesdienstzeit wurde um gut eine Stunde verschoben, um jungen Familien entgegenzukommen. Ein Anbetungsteil zu Beginn des Gottesdienstes wurde zunehmend von Laien übernommen, die sich gut und gerne hier einbringen.

Kinderwochen, Zeltmission, Evangelisations- und Filmabende, Konzerte, Bibelwochen und vieles mehr wurden eingesetzt. Unter anderem wurden auch Hauskreise, Gebetsgruppen und Glaubenskurse in das Gemeindeleben eingeführt.

Pastor Schilling mangelte es keinesfalls an Ideen zum Aufbau der Gemeinde. Er brachte es zuwege, zunehmend die Gemeindeglieder zu aktivieren und zu motivieren. Als er einmal bekannte, daß er die meisten seiner Ideen in der Badewanne bekommt, drohte ein etwas gestreßtes Mitglied des Vorstands, ihm das Baden eine Zeitlang zu verbieten.

1989 wurde deutlich, daß die Gemeinde so stark gewachsen war, daß die Räumlichkeiten kaum mehr ausreichten, die zudem nicht sehr einladend waren. Das Gebäude stand unter Denkmalschutz. Ein Abriß und Neubau kam darum nicht in Frage. Einige hielten jetzt schon die Augen auf, um nach anderen Möglichkeiten zu suchen. – Im alten Gebäude wurde es immer enger. Vor allem zeigten besondere Veranstaltungen deutlich, wie begrenzt unsere Möglichkeiten waren.

Die ersten Bauspenden wurden abgegeben. 1991 tauchte in Form einer alten Lagerhalle mit Wohnhausanbau eine gute Lösung der Probleme auf. Es begann ein Bangen, ob das Objekt frei bleiben würde, bis sämtliche Hürden überwunden werden konnten. Bei der Bezirkskonferenz war die Finanzierung des Projekts erwartungsgemäß das Hauptproblem. Trotzdem wurde mit großer Mehrheit und viel Gottvertrauen für das Unternehmen gestimmt. „Halleluja!" „Gott sei Dank!" und „Gott sei gelobt!" Auch von der Baubehörde unserer Kirche in Stuttgart wurde rechtzeitig grünes Licht gegeben. Die Spenden fingen ab da an stetiger zu fließen. Zinslose Darlehen wurden von mehreren Seiten angeboten. Das alte Gebäude wurde verkauft, um die Kosten zu decken. Es gelang sogar, den Preis des Objekts um 30 000,- DM zu drücken, ehe es dann gekauft werden konnte.

Durch viel Eigenarbeit konnten die Kosten noch weiter reduziert werden. Am 6. Dezember 1992 weihte unser Bischof Dr. Klaiber das Gebäude ein.

Es tauchen zwar immer wieder Rückschläge auf; Schulden haben wir immer noch. In der ökumenischen Arbeit gibt es weiterhin Probleme mit dem neuen Dekan, obwohl viele gemeinsame Aktivitäten laufen. Wir kommen dagegen mit dem katholischen Priester erstaunlich gut aus. Auch ein paar neue Glieder haben uns wieder verlassen. Doch es kommen immer wieder neue Menschen zum Glauben, so daß unsere Gemeinde weiterhin nach innen und außen wächst.

Wir sind Gott sehr dankbar für seine ständige liebevolle Unterstützung, seine große Geduld mit uns und die vielen Möglichkeiten, die er uns weiterhin schenkt. Es ist ein großes Vorrecht, wenn wir mit und durch ihn an dem Aufbau seines Reiches arbeiten dürfen.

Errettet aus großer Gefahr

Emil Endreß

Es war Anfang Juni 1991. Ich wollte meine Schwestern in Offenbach besuchen, wo wir 40 Jahre lang gewohnt hatten. Bei dieser Gelegenheit hatte ich vor, mir wieder einmal den Rhein-Main-Flughafen in Frankfurt/M anzusehen. Ein Bruder unserer Gemeinde, der nach Stuttgart wollte, nahm mich in seinem Wagen mit und setzte mich am Flughafen ab.

Ich lief durch alle Hallen und Gebäude, die zur Besichtigung frei waren und schlenderte zuletzt hinaus zur Aussichtsplattform. Dort schaute ich dem Start und den Landungen der Maschinen zu und ging dann zurück in die Abfertigungshalle auf die linke Seite, wo ich mich dafür interessierte, welche Fluggesellschaften hier ihre Schalter hatten. Danach schickte ich mich an, in den rechten Teil der Abfertigungshalle zu gehen. Diese Halle liegt im Parterre, ich brauchte also nur 20 Meter zu gehen, um dorthin zu kommen. Nun läuft da auch eine Rolltreppe hoch in den 1. Stock, mit der man links hoch- und rechts wieder hinunterfahren kann. Zu sehen gibt es da oben eigentlich nichts Besonderes, aber ich fuhr trotzdem hinauf, schaute mich kurz um und begab mich wieder zur Rolltreppe, um hinunterzufahren.

Ich setzte meinen Fuß gerade auf die erste Stufe, da ging die Bombe hoch, die im rechten Teil der Abfertigungshalle in einem Papierkorb neben einer Ruhebank versteckt war. Ahnungslose Passagiere wurden getötet oder schwer verletzt. Ich war dort oben nur 20 Meter entfernt. Es ist mir trotz herabstürzender Trümmer nichts geschehen. Wäre ich gleich unten weitergegangen ...

Ich hatte in besonderer Weise Gottes Führung und Bewahrung erfahren.

Bewahrt

Heinz und Ingrid Burkhardt

Unsere Gemeinde hatte Kontakt zu einer bedrängten Familie bekommen. Die Mutter und ihre noch kleinen Kinder litten unter der Willkür des alkoholabhängigen Vaters. Wir halfen so gut wir konnten. Die Gemeinde begann ihre neue Heimat zu werden. Doch die des Vaters blieb das Wirtshaus.

Da erschütterte uns die Nachricht vom plötzlichen Tod der Mutter. Sie war auf unerklärliche Weise eine Treppe hinabgestürzt. Die zuständigen Ämter schalteten sich ein und nahmen sich der Kinder an. Aber was wurde aus dem Vater? Ich sollte etwas davon abbekommen!

Wenige Tage nach dem tödlichen Unfall – es war Neujahr, etwa 23 Uhr – läutete die Klingel. Ich wohnte damals als Pastor in der Dienstwohnung über den Kirchenräumen. Die ganze Familie war schon schlafen gegangen. Wer wollte jetzt noch etwas von uns?

Ich zog den Bademantel über und ging zum Gartentor. Eine mächtige Gestalt wartete dort. Ich erkannte im Dunkel den Vater der unglücklichen Familie. Trotz seiner vagen Absichtserklärung und meines sehr unbehaglichen Gefühls ließ ich ihn herein. Ich führte ihn in die Kirche. Da saßen wir nebeneinander auf einer Kirchenbank. Ich spürte fast körperlich, wie feindlich geladen der Mann war. Ein hilfloses Gespräch holperte mit langen Pausen dahin. Ich dachte jeden Augenblick: Jetzt passiert was. Warum hast du den Mann hereingelassen? warf ich mir im stillen vor. Und natürlich stiegen auch meine inneren Seufzer zu Gott hinauf.

Nach ungefähr eineinhalb Stunden war der Mann bereit, mit mir in unsere Wohnung zu gehen. Würde dort – in der Nähe meiner Frau und unserer Kinder – etwas passieren? Doch er setzte sich mit mir zu Tisch und nahm Mineralwasser an. Die Spannung begann sich zu lockern, bis er schließlich herausrückte: Er habe sich an diesem Abend bei seinen Wirtshauskameraden vollaufen lassen und beschlossen, sich für den Verlust seiner Frau an mir zu rächen. Er sei entschlossen gewesen, mich umzubringen. (Seine körperliche Überlegenheit hätte das wohl auch ermöglicht.) Aber unten in der Kirche, wo ich als schutzloses Opfer neben ihm gesessen sei und wo die Gelegenheit nicht günstiger hätte sein können, da – so berichtete er weiter – sei ihm seine Frau wie leibhaft erschienen und habe ihn eindringlich gewarnt, mir etwas anzutun. Das hätte seine Absicht völlig zerstört.

Davon hatte ich freilich keine Ahnung. Aber nun wußte ich, warum mich solch ein unheimliches Gefühl gepackt hatte, und daß der Herr meines Lebens seine Hand schützend über mich gehalten hatte.

Im Zimmer nebenan zitterte indes meine Frau und betete unaufhörlich zu Gott, weil auch sie dumpf ahnte, daß hier etwas Finsteres im Gange war. Unsere Kinder schliefen friedlich. Es war schon zwei Uhr in der Nacht, als der nächtliche Besucher wieder aufbrach. Wie inständig meine Frau und ich Gott dankten! Der Schrecken zitterte noch lange nach und ließ mich achtsamer und dankbarer für das neugeschenkte Leben meinen Dienst tun.

Eine Spritztour mit Folgen

Sabine Engelbert

In einer noch kleinen Spedition war ich als Schreibkraft eingestellt. Einer der Kunden hatte sein Weinlager in unserem Lager untergebracht. Es war im Spätherbst, als er unbedingt Wein nach Essen gebracht haben wollte. So erklärte ich mich bereit, die Kartons mit dem Wagen zu seinem Kunden dorthin zu fahren. Zu dieser Zeit waren meine Eltern verreist, aber das Auto stand vor der Tür. So nahm ich mir das Auto und machte mit meinem elfjährigen Sohn eine „Spritztour" nach Essen, um den Wein zu einem bestimmten Restaurant zu bringen. Vor der Fahrt betete ich: „Herr, behüte uns auf dieser Fahrt und geleite uns auch nachher auf dem Rückweg."

Mir war irgendwie mulmig zumute, als wir auf dem Weg nach Essen waren. Ich wußte nur nicht, warum. Sicher hatte ich auch ein schlechtes Gewissen, einfach den Wagen genommen zu haben. Aber alles klappte gut auf der Hinfahrt, wir kamen ohne Probleme beim Weinrestaurant an, lieferten den Wein dort ab – zu diesem Zeitpunkt war es schon dämmerig – und wollten nach einer kurzen Stärkung wieder unsere Heimfahrt nach Bremen antreten. Da war plötzlich diese innere Unruhe – das Gefühl, daß noch etwas passieren würde. Mein Sohn hatte es sich auf dem Rücksitz bequem gemacht, um zu schlafen. Inzwischen war es schon dunkel geworden, alles sah so verändert aus. Trotz Karte verlor ich etwas die Orientierung, der Verkehr wurde dichter, und ich wußte nicht, wo ich jetzt eigentlich langfahren mußte. Um den Hauptbahnhof herum gab es viele breite Straßen und Kreuzungen mit vielen Hinweisschildern. Ich entschloß mich, auf einer der Hauptstraßen geradeaus zu fahren, um wieder auf die Autobahn zu kommen. – Dies wurde mir zum Verhängnis! Auf meiner Strecke befanden sich drei Kreuzungen mit Ampelsteuerung. Die erste war auf „grün" geschaltet, und auch die dritte hatte diese Farbe. Zu diesem Zeitpunkt hatte ich ein kleines Blackout. Zwischen beiden Ampeln gab es noch eine – sie zeigte „rot" an. Und so kam, was kommen mußte. Ich versuchte noch, den Wagen durch Vollbremsung zum Stehen zu bringen, aber es war zu spät. Ich überfuhr diese rote Ampel, ein Wagen kam von links, ich erfaßte den Türholm und schob das Fahrzeug gegen eine Straßenlaterne. Mein Wagen hatte Totalschaden, der andere war auch ziemlich verzogen und demoliert. Es herrschte zuerst Stille, dann kam ein Geschrei aus meinem Auto; mein Sohn wachte durch den Aufprall auf und brüllte vor Schreck. Mich umfing in dieser Situation eine unheimliche Ruhe, und ich betete: „Herr, ich bitte dich, laß diesen Unfall glimpflich ausgehen. Sei mit uns allen, besonders aber mit denen, die durch meinen Fehler im anderen Auto verletzt wurden."

Es verging eine ganze Weile, bis ich begriff, was passiert war. Bis zum Eintreffen der Polizei und dem Krankenwagen kümmerte ich mich zuerst um meinen Sohn. Er lag da, brüllte und hatte eine Platzwunde am Auge. Gott sei dank war ich angeschnallt. So war mir selbst nicht viel passiert. Ich war trotzdem nicht in der Lage, zu dem anderen Auto zu gehen, mich zu entschuldigen und zu sehen, wie es den Insassen geht. Ich sah nur, wie der Fahrer aus seinem Fahrzeug ausstieg und fürchterlich schimpfte: „Typisch Frau am Steuer!" Inzwischen kam die Polizei, nahm alles auf, ein Sanitäter versorgte meinen Sohn und auch die Beifahrerin des anderen Wagens. Sie saß nach vorne gebeugt und sagte keinen Ton. Ich ertappte mich dabei, wie ich noch intensiver zu Gott betete: „Herr, laß es nur leichte Verletzungen sein, die ich ihr zugefügt habe!" Viele Fragen gingen durch meinen Kopf. Was wäre, wenn ...? Wie würde ich reagieren? Wie würde ich mich verhalten? Aber wir hatten einen gnädigen Gott, der uns noch einmal davonkommen ließ. Um uns herum war hektisches Treiben, und ich kam mir vor wie ein Fels in der Brandung und blieb ganz ruhig. Kein hysterisches Geschrei, Schock oder Weinkrampf packte mich.

Ich bemerkte, wie mich der eine oder andere Polizist von der Seite musterte. Er war sicher anderes gewohnt. Nachdem alle Formalitäten erledigt und die Verletzte in ein Krankenhaus gebracht worden war, kam ein Polizist zu mir und fragte mich, wohin man sie denn bringt. Er war wohl mit anderen Aufgaben beschäftigt gewesen. Ich sagte es ihm, und auch hierbei merkte ich, daß er mich groß ansah. Er konnte wohl nicht glauben, wie ein Mensch, der einen Unfall gebaut hatte, so ruhig bleiben konnte. In dieser Situation und auch während der ganzen Zeit nach meinem Gebet spürte ich, daß Gott bei mir war.

Später erfuhr ich, daß die verletzte Frau Gott sei gedankt nur innere Prellungen und Blutergüsse davongetragen hatte. Ich dankte Gott, daß er meine Gebete erhört hatte. Als ich wieder zu Hause in Bremen war, nahm ich allen Mut zusammen, bei der Verletzten anzurufen. Dies ging aber nicht ohne ein Gebet, denn ich wußte nicht, wer sich am anderen Ende des Telefons melden würde. Es hätte ja auch der Mann sein können, der mir zu verstehen gab: „Mit ihnen will ich nichts zu tun haben; es geht alles über den Rechtsanwalt." Mit zitternden Händen wählte ich ihre Nummer und wartete. Die innere Spannung konnte zu dem Zeitpunkt gar nicht größer sein. Es war die Frau, die sich meldete. Mir fiel ein „Felsen" vom Herzen; ich mußte erst einmal tief durchatmen. Sie war es dann, die das Gespräch suchte und sich als erstes nach meinem Sohn erkundigte. Auch ihr war sein Gebrüll nicht verborgen geblieben. Mir rannen die Tränen der Erleichterung herunter. Ich bat sie um Verzeihung, daß ich ihr durch meine Unachtsamkeit Leid zugefügt hatte. Ich sagte ihr auch, daß ich für uns alle noch am Unfallort gebetet hatte. Sie reagierte auf diese Worte mit einem „Danke". Sie nahm auch meine Bitte an. Ich sagte ihr, daß ich mich aus Scham nicht in der Lage fühlte, sie im Krankenhaus zu besuchen. Ich wußte ja nicht, in welchem Zustand sie gewesen sei. Es täte mir aber in der Seele weh und ich hätte sehr oft an sie gedacht. Ihre Antwort darauf war, daß sie eigentlich mit einem wenn auch kurzem Besuch von mir rechnete.

Da ich noch einmal mit dem Zug nach Essen fahren mußte, um endlich meinen Sohn wieder nach Hause zu holen, hatte ich keine Gelegenheit, sie zu besuchen, denn sie wohnten außerhalb von Essen. So blieb es weiterhin bei vielen Telefonaten. In der Zwischenzeit schickte ich ihr öfters Blumen und Genesungsgrüße. Bei einem der Gespräche, die ich mit ihr führte, um zu hören, wie es ihr geht, erfuhr ich einiges über sie. Wir hatten plötzlich die gleiche Wellenlänge, denn auch sie war eine gläubige Christin. Sie sang im Kirchenchor mit, war genauso alt wie ich und hieß auch Sabine. Seit der Zeit – es sind schon über zehn Jahre vergangen – stehen wir in loser Verbindung.

Vom „Frommsein" zum Danken

Frances Bochnig

Ich habe dich je und je geliebt, darum habe ich dich zu mir gezogen aus lauter Güte.
Jeremia 31,3

Ist es nicht von großer Bedeutung, wenn man so etwas gesagt bekommt? Sie wurde für mich noch größer, als ich diese Worte von Gott zugesprochen bekam. Doch daß Gott ein liebender Vater ist, habe ich nicht durch christliche Erziehung in der Kindheit erfahren, sondern erst viel später.

Es war 1994, als ich 15 Jahre alt war. Zu dieser Zeit standen für mich besonders die Schule und meine guten Zensuren im Mittelpunkt. Freunde hatte ich kaum, da ich meistens über meinen Schulbüchern saß. Aber in meiner Klasse war ein Mädchen aus einem christlichen Elternhaus. Es erzählte mir von einer Jugendgruppe und fragte mich, ob ich nicht Lust hätte mitzukommen. Da ich meinte, auf diese Weise vielleicht ein paar neue Freunde kennenzulernen, willigte ich ein. Ich fing an, über Jesus nachzudenken, nachdem ich ein paar Wochen in dieser Jugendgruppe war. Einige Zeit später bekehrte ich mich dann bei einer Zeltevangelisation.

Bei dem nachfolgenden Seelsorgegespräch lernte ich eine junge Frau kennen, die später noch eine Bedeutung für mich haben sollte.

Nach meiner Bekehrung lebte ich „fromm" für mich.

Ich tat eigentlich dieselben Fehler wie vorher. Es wurde sogar noch schlimmer, als ein fremder Geist Besitz in meinem Körper nahm. Er machte sich durch unkontrollierte Zuckungen bemerkbar. Da schickte Gott mir ein Ehepaar, das mich im Namen Jesu heilte. Durch diese Heilung kam es zu einem inneren Zerbruch. Der Kontakt zu der jungen Frau aus dem Seelsorgegespräch wurde enger, ich lernte ihre Gemeinde kennen. Dort fühlte ich mich sofort geborgen und heimisch.

Das Problem war und ist die große Entfernung zwischen meinem Zuhause und meiner methodistischen Gemeinde, da ich noch keine Fahrerlaubnis besitze. Ich fand aber viele neue Freunde, die bereit waren, mir den Besuch dieser Gemeinde zu ermöglichen.

Ich fing an, die Schule nicht mehr in den Mittelpunkt zu stellen. Da mir aber noch sehr viel Erkenntnis fehlte, wußte ich weiterhin nicht, daß Jesus Mittelpunkt in meinem Leben sein wollte – und nicht nur dann, wenn ich „Lust aufs Frommsein" hatte.

Das wollte Gott aber bald ändern: Meine Freunde und ich wollten im September 1995 zu einer Jugendgruppe fahren. Wir kamen aber nicht dort an, da wir unterwegs einen schweren Verkehrsunfall erlitten. Der ältere Bruder meiner Freundin starb dabei.

Mir ließ Gott eine Chance. Ich überlebte. Allerdings trug ich schwere Verletzungen am Rückenmark und Frakturen im Beckenbereich davon. An die ersten Tage kann ich mich nur bildhaft erinnern. Das schönste Bild war, wie der Pastor und seine Frau vor meinem Bett standen und mich mit Öl salbten. Eines Nachts wachte ich auf. Ich konnte mich nicht bewegen und fragte Gott nach dem „Warum?". Im Herzen hörte ich, daß ich jetzt nicht nach dem „Warum" zu fragen hatte. Statt dessen sollte ich unseren Herrn preisen. Glücklich schlief ich wieder ein.

Trotz meiner schweren Verletzungen und entstehenden Sprachstörungen gab mir der Herr die Kraft, völlig zu genesen. Innerhalb von einem halben Jahr hatte ich gelernt, mich wieder zu bewegen, und ich konnte auch bald wieder normal sprechen. Für die Ärzte war ich ein Wunderkind.

Aber nicht nur den körperlichen, sondern auch den geistlichen und seelischen Zustand hat Gott geheilt. Er gab mir neue Gaben und zeigte mir, daß es keinen Sinn hat, nur „fromm“ zu sein. Ich lernte an Lebenserfahrung dazu. Und ich weiß jetzt, wie es ist, im Rollstuhl zu sitzen und von anderen abhängig zu sein.

Zeitweise kam mir die Frage, weshalb mich Gott so bewahrt hat. Dies erzählte ich dem Mann, der mich damals zusammen mit seiner Frau im Namen Jesu geheilt hatte. Er sagte etwas, was ich nicht so schnell vergessen werde: „Gott muß sehr großes Vertrauen in dich haben.“

Für dieses Vertrauen möchte ich meinem Herrn danken.

Bibelforscher auf Reisen

Alfred Wohlgemuth

Eine gewöhnliche Reise war es ja nicht, eher ein lebensgefährliches Reiseabenteuer. Und daß Bibelforscher unterwegs waren, erweist sich darin, daß sie ihre Bibel im Rucksack und gewiß auch im Herzen hatten. Der Reisetermin lag im September 1947. Das Jahr verrät, daß es keine gewöhnliche Reisezeit war. Wohl konnte man sich eine Fahrkarte von Chemnitz nach Frankfurt am Main kaufen (wir hatten noch die einheitliche Währung im Lande), doch in den überfüllten Zügen mußten sich die Reisenden an der Nachkriegs-Interzonengrenze einer russischen Kontrolle unterziehen. Und wer konnte sich schon einen „Interzonenpaß“ besorgen, der von den vier Besatzungsmächten und in vier Sprachen ausgestellt war? Dieser mußte mit guter Begründung in der Chemnitzer sowjetischen Kommandantur beantragt werden – mit allen Ungewißheiten und sehr viel Zeitaufwand. Eine solche Reiseerlaubnis gar für ein Studium im Westen war 1947 nicht zu erwarten. Also blieb den beiden, die die Bibel als Theologiestudenten gründlich durchforschen wollten, nichts weiter übrig, als „schwarz“ die grüne Demarkationslinie zwischen Sowjets und Amis zu überqueren. Das Predigerseminar der Methodistenkirche in Frankfurt-Ginnheim war ihr Ziel, die Kirche gab ihnen den Auftrag, und gewiß stand der lebendige Herr hinter ihnen: „Ich will dir den Weg zeigen ...“ (Psalm 32, 8). Diese Zusage hat er erfüllt.

Helmut hieß mein befreundeter Gefährte aus dem Vogtland, und ich hatte im oberen Erzgebirge eben von meiner jungen Familie Abschied genommen. In Erfurt zwängten wir uns in den Zug gen Westen. Kenntnis des genauen Grenzverlaufs hatten wir nicht, nur ungefähr ahnten wir die Thüringer Grenze; ein aus dem Krieg geretteter Kompaß konnte die allgemeine Richtung anzeigen. Bekannt war, daß die Russen mit bewaffneten Streifen die Grenze überwachten. Doch mit Psalm 23 waren wir beide überzeugt: „Er führet mich!" und: „auf rechter Straße!".

Schwer drückte unser Rucksack auf dem Rücken, er war mit Leibwäsche, Sachen des täglichen Bedarfs, Schreibutensilien und Verpflegung voll bestückt; es gab ja damals nichts zu kaufen. Südlich von Creuzburg hatten wir schon einige Wald- und Wiesenkilometer zu Fuß hinter uns. Aber waren wir schon im Westen? Da kam uns auf freiem Feld eine Gruppe von etwa dreißig Leuten entgegen, erschöpft und mißmutig. Und – o Schreck – jetzt entdeckten wir auch das Begleitpersonal, vier Sowjetsoldaten! Wir waren also stracks einer Gruppe ertappter Grenzgänger in die Arme gelaufen. Schon winkten uns die Bewaffneten zu sich und forderten: „Dokument!", also Personalausweis abgeben. So wurden wir als Gefangene eingegliedert. Daß uns dies passieren mußte! Wieder gen Osten! „Auf rechter Straße!"? Was ging uns alles durch den Kopf. „Ich will dir den Weg zeigen, den du gehen sollst."...

Im nächsten Dorf stand für uns Illegale ein deutscher Leiterwagen mit Pferdegespann bereit, darauf mußte jeder sein Gepäck legen. Es gab demnach auch für Frauen und Kinder eine Marscherleichterung. Aber wohin sollte es gehen? Zur nächsten Kommandantur? Wie tief unglücklich waren wir beide. Ohne Ausweis und ohne

Rucksack zogen wir mit dem traurigen Haufen dem nächsten Dorf zu. Wie wird uns der Herr ans Ziel führen?

Im nächsten Dorf – der Name ist mir entfallen – ließen die Bewacher unter drückender Mittagshitze eine Marschpause einlegen. Am Dorfbrunnen hielten sie den Leiterwagen an. Jeder drängte sich zur sprudelnden Quelle, auch die Soldaten. In diesem Augenblick durchzuckte uns der Gedanke: Nichts wie weg von hier! In weiser Voraussicht hatten wir unsere Rucksäcke ganz am Ende des Wagens verstaut. Kurze gegenseitige Verständigung, kein Bewacher hatte ein Auge auf uns, unauffälliges Heranrücken an unser Gepäck, kräftiges Herausreißen und auf den Rücken damit, dann in Sturmeseile in den Straßengraben und fort von diesem gefährlichen Ort. Hinter uns kein Geschrei, kein Stoi!

Wir rannten in eine Seitenstraße und weiter, bis wir plötzlich vor einer winzigen Dorfkirche standen. Sie war offen, wir stürmten hinein. Kein Mensch war zu sehen – ohne Skrupel rein in den Beichtstuhl! Keuchend krochen wir auf engstem Raum zusammen. Laut pochte unser Herz. Sonst war nichts zu hören. Aber wir lobten unsern Gott und Herrn, der uns solche Befreiung geschenkt hatte. Helmut und ich glaubten an ein Wunder. Nun würde Gott auch wissen, wie wir ans Ziel kommen. An die zwei Stunden hockten wir zwei armselige Häufchen im katholischen Beichtgestühl. Im Herzen hatte sich die dankbare Gewißheit gefestigt: „Du bist ein Gott, der mich sieht!“ (1. Mose 16,13). Also erhielten wir Klarheit, was nun zu tun ist: zurückwandern zur Bahnlinie und erneut versuchen, heil hinüberzugelangen.

Am Abend erreichten wir noch den letzten Personenzug, der uns zur Endstation nach Hörschel brachte. Viele Arbeiter, wohl auch einige Grenzgänger drängten zum

Ausgang des Bahnsteiges. Da bemerkten wir erneut Gefahr! Vor den Treppenstufen waren zwei Bahnpolizisten postiert. Sie beobachteten alle Reisenden. Ob der treue Gott ihnen die Augen halten wird? Ob sie ein wissendes, erbarmendes Herz haben? Ja, wir kamen glücklich an ihnen vorbei. So blieb die Bahnbrücke über die Werra unser Ziel. Drüben lag Herleshausen im Westen.

Allmählich wurde es dunkel, und wir pirschten uns wieder an die Bahnanlagen heran. Erschöpft krochen wir in ein dunkles Gebüsch. Doch plötzlich wurden wir erschreckt von jemand, der schon dort lag. Er mochte etwas älter als wir sein, er erschien uns ruhig und gelassen. Ein leises, kurzes Gespräch ergab, daß auch er hinüber wollte. Was mir jedoch von jenen Gesprächsminuten bis heute eindrücklich haften blieb, ist dies: Jener Unbekannte sagte: „Ich weiß, daß nichts geschieht als das, was Jehova-Gott für mich bestimmt hat.“ An dieser Redewendung „Jehova“ erkannten wir den „Zeugen Jehovas“. Mehr noch – da war ein Mensch, der uns beiden Theologiestudenten einen völlig unerwarteten Zuspruch gab. Und gerade den hatten wir angesichts des zweiten Grenzversuches sehr nötig. Tatsächlich weiß Gott viele tausend Weisen, die Seinen zur rechten Zeit zu stärken und weiterzuführen. So erkannten wir uns im Abend-Versteck auf einmal als drei Bibelforscher kurz vor dem gefährlichen Werraübergang. Die Bibel im Rucksack war uns wichtig, entscheidend aber war das Wort Gottes in Herz und Sinn.

Was weiter noch zu sagen ist? Die Nacht brach herein, im „Sprung-auf, marsch, marsch“ keuchten wir über Schottersteine und Bahngleise entlang der Brücke, kein Schuß hinter uns, alles still vor uns. Über Nesselröden – wir waren im Westen – trampten wir erleichtert nach Sontra. Morgens brachte uns ein Zug ans Ziel. Unsere Fahrkarte Chemnitz-Frankfurt hatten wir streng gehütet. Und ein neues Personaldokument erhielten wir später auch. Zu erwähnen bleibt, daß im Seminar die Freude groß war über zwei Neue für das erste Semester, und noch dazu aus dem Osten, und sogar verheiratet waren sie – eine Neuheit nach dem Krieg.

Im schrägen und niedrigen Dachgeschoß wurde uns fünf Studenten ein enger Raum zum Schlafen und Studieren zugewiesen. War das ein Gedränge! Doch bald durften einige in ein Privatquartier außerhalb umziehen. Das Studium konnte beginnen. Es war schon eine große Freude!

Jahre später sind wir wieder in die Heimat übersiedelt, als Zeugen unseres Herrn Jesus Christus – doch Bibelforscher sind wir ein ganzes Leben lang geblieben.

Der verschwundene Mond über Thüringen

Alfred Wohlgemuth

Da betete der Heerführer Josua in großer Not um das Volk Israel zu seinem Gott, er solle doch Mond und Sonne anhalten, damit er ohne Zeitverlust den Sieg erringen könne. Und die Bibel berichtet weiter: „Da stand die Sonne still, und der Mond blieb stehen ... Und es war kein Tag diesem gleich ... denn der Herr stritt für Israel“ (Kap. 10, Vers 13f). Das Wort aus dem Alten Testament (Josua 10,12-14) war mir schon in meiner Jugend verdächtig unwirklich. Einfach unglaublich und allen Naturgesetzen zuwider. Kann man noch glauben, wenn man liest, was da geschrieben steht? Doch dann habe ich selber sozusagen ‚mein Mondwunder' erlebt – das hat mich eines anderen belehrt. Und das kam so:

Wir schrieben das Jahr 1948. Die ersten Semester des Theologiestudiums an unserem Predigerseminar in Frankfurt/Main waren vorüber. Nach den Sommerferien sollte ein neues beginnen. Ich wohnte bei einer jungen Familie im Erzgebirge. Das gehörte damals zur russisch besetzten Zone. Aber man konnte nicht ohne weiteres in den Westen reisen. Die häßliche Zonengrenze war dazwischen, bewacht von bewaffneten Sowjetsoldaten. Die Teilung Deutschlands als eine schlimme Folge des Krieges. Wir waren junge Studenten und konnten keinen Interzonenpaß erwerben, so daß wir legal die Grenze hätten überschreiten können. Nein, wir waren gezwungen, illegal die

Grenze zu passieren, irgendwo, am besten nachts. Das war lebensgefährlich, zumal keiner den Grenzverlauf kannte.- Aber inzwischen hatten wir Ostbrüder aus Sachsen als gelernte Grenzgänger schon einige Erfahrungen gesammelt, wie wir ins Seminar reisen konnten.

Diesmal sollte es allerdings besonders schwer werden. Wir waren fünf Brüder, beschwert mit Rucksäcken und allen notwendigen Habseligkeiten. (Mit der Post durfte man nur 500 g-Päckchen über die Grenze schicken.) Südlich von Treffurt in Thüringen wollten wir gen Westen aufbrechen, mit dem einzigen Ziel, die ‚Martins-Missions-Anstalt' zu erreichen – so hieß früher unsere Ausbildungsstätte.

Es war in einer kalten Nacht Anfang September. Aber von Dunkelheit war keine Spur. Der Mond schien so hell wie nie zuvor. Wir klapperten mit unseren Gepäckstücken durch die völlig unbekannte Gegend. Nur ein Kompaß zeigte uns die Richtung an. Jede russische Streife hätte uns sehen und hören können. Schließlich war es kurz vor Mitternacht und ziemlich sinnlos, bei dieser aufdringlichen Himmelsbeleuchtung ins Ungewisse weiterzugehen! Jeder von uns hatte in dieser Situation gewiß seinen Herrn um Hilfe und Wegweisung angerufen.

In dieser Bedrängnis – es war ja fast wie im Krieg auf Spähtrupp – mußte ich an Josua denken und an sein Gebet: „Sonne, steh still zu Gibeon, und Mond, im Tal Ajalon!" Noch heute erinnere ich mich, wie ich meinen Herrn in kindlicher Einfalt anrief: „Herr, du hast damals der Sonne und dem Mond geboten, um deinem Volk wunderbar weiterzuhelfen. Es ist dir heute nacht auch möglich, den Mond zum Verschwinden zu bringen. Wir wollen doch nicht aus selbstsüchtigen Gründen über die Grenze, sondern uns auf unseren Dienst vorbereiten. Es ist deine Sache, die uns am Herzen liegt. Du kannst gewiß den Mond heute nacht ausschalten." Mit diesen Gebetsgedanken bin ich tatsächlich erschöpft eingeschlafen, dort auf der kalten, feuchten Erde. Und auch die Brüder waren eingeschlafen.

Und dann ereignete sich für mich das Wunder jener Nacht. Nie werde ich es vergessen können: Durch die Kälte, die vom Boden hochdrang, wurde ich munter. Zuerst suchte ich den Mond, doch vergeblich. Der Mond war verschwunden, er war völlig verborgen. Dafür aber war dichter Nebel aufgezogen. Im Gefühl tiefer Dankbarkeit gegen Gott weckte ich die schlafenden Brüder – es war nach ein Uhr nachts. Wir rappelten uns auf und wankten schlaftrunken weiter. Kein heller Mondschein störte mehr, sehen konnte uns niemand, nur hören. Jetzt konnte uns neben dem Kompaß in der Hand nur die unfaßbare Güte unseres Herrn weiterhelfen, der uns ganz gewiß begleitete.

Was ist noch mehr zu sagen? Wir liefen stundenlang über Viehweiden, kletterten über Zäune, manchmal gab die Gitarre eines Bruders ein Lebenszeichen. Endlich erreichten wir im Morgengrauen ein Dorf; wir wurden gewiß: Jetzt sind wir im Westen. Ein Bus brachte uns über Bebra nach Frankfurt. Abenteuerlich sahen wir schon aus, unrasiert und schmutzig. Man erkannte uns als Grenzgänger aus dem Osten. Immerhin waren wir vierundzwanzig Stunden unterwegs gewesen. Im Seminar wurden wir mit Hallo begrüßt, andere Ostbrüder waren auch schon da. Wir waren von Herzen dankbar, daß wir unser Studium fortsetzen konnten.

Was hinter uns lag, hat keiner vergessen. Und der verschwundene Mond im Tal von Thüringen? Eigentlich ist es leicht zu erklären. Aber der Mond hat mich oft daran erinnert, daß es zwischen Himmel und Erde mehr gibt als nur das, was Menschenverstand zu erfassen vermag. Schließlich stammt auch der befremdliche Ausspruch von unserem Herrn: „Habt Glauben an Gott! Wahrlich, ich sage euch: Wer zu diesem Berge spräche: Heb dich und wirf dich ins Meer! und zweifelte nicht in seinem Herzen, sondern glaubte, daß geschehen werde, was er sagt, so wird's ihm geschehen“ (Markus 11,22f).

„Panzernde" Gnade

Marta Bergheim

Sechzehn Jahre war ich alt und erstmals weit weg von zu Hause. Das Gleichschaltungsgesetz der Nationalsozialisten löste unsere Ausbildungsstätte in Marburg-Wehrda auf. Als Examensklasse waren wir der ganz gezielten Überredungskunst des Herrn Götte vom Propagandaministerium ausgesetzt, Stunde um Stunde, wochenlang. Ich sehe noch heute die fanatische Glut der brennenden, dunklen Augen vor mir – und all sein intensives Bemühen hatte nichts genützt. Gottes Gnade panzerte uns alle.

Später, im Anerkennungsjahr, wurde ich zu einer Schulung einberufen. Ich traf dabei auf eine Klassenkameradin. Wir teilten ein Zweibettzimmer. Wir sangen abends unsere Lieder, die wir in Wehrda bei den Diakonissenschwestern gelernt hatten, wir lasen miteinander die Bibel. Dann wurde ich von der Schulungsleiterin zum Gespräch gebeten. Sie eröffnete es mit der Feststellung: „Ich bin an eurem Zimmer vorbeigekommen und habe euch singen hören. Ich kenne die Lieder, die ihr gesungen habt. Ich weiß, wie ihr denkt, denn ich war eine Diakonisse!" Dann zog sie alle Register ihrer Überredungskunst gegen den Glauben. Das ging mir unter die Haut. Unsere Lehrerinnen waren ja Diakonissen gewesen. Da stand ich nun wirklich an einer Wegkreuzung. Die Umstände der Zeit waren meiner Entscheidung wirklich nicht günstig gesonnen; daß sie trotzdem für Jesus ausfiel – was war das anderes als Gnade?

Daß ich noch lebe ...

Siegfried Groß

Im Februar 1941 wurde ich zur Deutschen Wehrmacht einberufen und erlebte den Krieg bis zu seinem Ende in Rußland. Die ersten Jahre bei der Luftwaffe, und im Sommer 1944 kam ich zur Infanterie und dort an die Front. Im August 1944 wurde ich das erste Mal verwundet. Eine Granate schlug neben mir ein, und die Splitter verletzten meinen Oberkörper und das Gesicht. Ein Splitter davon ging in die Brust, wo er sich auch heute noch befindet, wie viele andere auch noch an anderen Stellen. Dieser Splitter mußte aber erst die Brieftasche und fünf Postkartenfotos durchschlagen, bevor er in die Brust eindringen konnte. Ein sechstes Bild – unser Brautbild, das sich ebenfalls in der Brieftasche befand – wurde sonderbarerweise vom Splitter nicht einmal angekratzt, geschweige denn durchbohrt wie die anderen. Dafür war es aber am Bildrand, an einigen Stellen, mit Blut eingerahmt.

Gegen Ende Januar 1945 war die Front kaum mehr zu halten. So wurden den Gruppenführern nur drei oder vier Soldaten zugeteilt. Mit dieser Handvoll mußte ich eine Waldstellung von etwa 300 Metern verteidigen. Wenige Meter gegenüber hatten die Russen Stellung bezogen. Weil wir so dünn besetzt waren, konnte ich nur versuchen, den Feind zu täuschen. Nachts, wenn ich meine beiden Posten kontrollieren mußte, habe ich dann unterwegs immer an verschiedenen Stellen eine Feuergarbe abgeschossen. Es war in Wahrheit eine verzweifelte Situation – mit dem Maschinengewehr auf der Schulter so ganz allein, an vorderster Front. Manchmal war es schon zum Gruseln.

Bald aber danach setzte in breiter Front der Rückzug ein. Wir wurden auf einmal Nachhut, d.h. die Letzten. Die Russen waren Tag und Nacht hinter uns her. Sie haben uns gejagt, und wir sollten sie mit aller Gewalt zurückhalten. An einem Abend haben wir mitten im Hochwald halt gemacht. Dort standen viele hochgewachsene Kiefern, wir konnten daher ringsum alles gut übersehen. Wir waren zu zweit und hatten uns für die Nacht ein kleines Erdloch ausgehoben. Es schien auch alles recht ruhig zu bleiben. Kurz vor dem Dunkelwerden schickte ich dann meinen zweiten Mann zurück zur Kompanie, um Essen zu holen und Munition mitzubringen.

So war ich jetzt ganz allein, als wenige Meter vor mir mindestens 20 Russen auftauchten. Uns trennte nur ein Graben von höchstens zehn Metern Breite. Einige der Soldaten mit roten Bändern an ihren Mützen – es waren Kommissare – standen mir gegenüber aufrecht auf ihrer Grabenseite und schossen aus allen Rohren ihrer Gewehre und Pistolen wie wild um sich. Es war ein Kugelregen, wie wenn große Hagelkörner an die Fenster trommeln. Währenddessen ließen sich die restlichen Soldaten von gegenüber wie Feldhasen herunterkullern und lagen auf einmal vor mir. Jetzt schossen auch sie – aber wohin? Ich weiß es nicht! Ich war ganz allein und stand als Zielscheibe mitten unter ihnen ohne Schutz und Deckung. Mich traf keine Kugel! Sie waren mit Blindheit geschlagen.

Der treue Gott hatte einen Engel geschickt, der mich beschützt hat!

Am 17. Februar 1945, einem Samstag, kam es zu meiner zweiten Verwundung:

Morgens in der Frühe eröffneten die Russen das Trommelfeuer, wir hatten schon jeden Tag damit gerechnet. Alle ihre Granatwerfer waren auf unsere Stellung eingestellt; sie haben uns genau getroffen. Niemand hat sich ins Freie gewagt, alle blieben in ihren Unterständen.

Plötzlich stand der Oberleutnant vor mir und beauftragte mich, einen verwundeten Gruppenführer im Vorfeld abzulösen und seinen Dienst zu übernehmen. Um dorthin zu gelangen, mußte ich eine freies Feld von mindestens 100 Metern überqueren. Ich erkannte eine kleine Baumgruppe, wo sich einige Soldaten und der Verwundete befinden sollten. Das Trommelfeuer ließ noch immer nicht nach. Da etwas Schnee lag, konnte ich nur versuchen, im Laufschritt so schnell wie möglich mein Ziel zu erreichen.

Nachdem ich etwa 20 Meter gerannt war, wurde ich von russischen Soldaten, die wenige Meter vor mir lagen, angeschossen. Sie trafen meinen linken Fuß. Ich warf mich zu Boden und blieb liegen. Dabei schauten wir uns ins Gesicht. Es mögen zwei oder drei Russen gewesen sein. Was am Fuß geschehen war, wußte ich nicht. Ich weiß noch, daß ich so laut gerufen habe, wie ich konnte. Ich dachte, die Kameraden würden mich hören und zurückholen. Durch das Trommelfeuer war dies aber unmöglich. So versuchte ich selbst noch einmal, auf der Erde liegend, mich zu wenden, um die wenigen Meter zurückzukriechen. Da aber kam schon der nächste Schuß. Mir wurde im rechten inneren Oberschenkel eine große Fleischwunde zugefügt.

Ich hab' mich dann wohl noch etwas bewegt. Sie müssen es gesehen oder bemerkt haben, daß ich noch lebe!

Darauf folgte dann der dritte Schuß.

Es muß ein Splittergeschoß gewesen sein, denn sie haben das linke Bein unterhalb des Knies nicht durchschossen, sondern abgerissen und zersplittert. Beim leichten Anheben des Beines merkte ich, daß das Gewicht fehlte. Ich konnte nur ahnen, was wohl geschehen war.

Das Unbegreifliche dabei war, daß ich überhaupt keine Schmerzempfindungen hatte. So lag ich mit dem Gesicht direkt im Stahlhelm und habe mich zwei Stunden lang totgestellt. In meinem Herzen habe ich gebetet und gedacht: „Wann wird es mit mir wohl zu Ende gehen, wann werde ich verblutet sein? Mein abgeschossenes Bein muß doch neben mir oder hinter mir liegen. Mir war, daß aus meinem Unterleib etwas Wärmendes herausrieselte. Das kann ja nur Blut sein. Es war auch so, denn ich hatte noch Granatsplitterverletzungen.

Nun spürte ich, daß meine Hände erfrieren und fing an, die Finger zu bewegen. Ich lag ja die ganze Zeit nur mit Fingerhandschuhen bewegungslos im Schnee, den linken Arm nach hinten und den rechten Arm nach vorn gestreckt. Jetzt merkte ich, daß ich die Stellung doch verändert haben mußte. Ich habe mich darauf bewegt, aber es fiel kein Schuß mehr. Nun faßte ich Mut, brachte meine beiden Arme nach vorn und versuchte, mich mit beiden Ellenbogen kriechend fortzubewegen. Aber dazu reichte meine Kraft nicht mehr aus. So konnte ich, nur auf meinen beiden Händen und auf einem Knie krabbelnd, diese wenigen Meter bis zu meinem Erdloch erreichen. Dabei sah ich, daß das abgeschossene Bein noch mit einer Sehne verbunden sein mußte, denn es kam mir wie ein Spielzeug hinterher. Aber der Abstand wurde immer größer. Die letzten zwei oder drei Meter zogen mich dann meine Kameraden in mein Loch. Es war vormittags um 11 Uhr, und nachmittags gegen 17 Uhr wurde ich mit einem kleinen Schlitten zum Verbandsplatz zurückgebracht.

Wenn ich all die Wunder, die Erlebnisse und die Bewahrungen im Krieg noch einmal überdenke, dann stehe ich staunend vor Gott und kann es einfach nicht begreifen, daß ich noch lebe.

Welche Stunde euch auch schlage, ich bin bei euch alle Tage

Samuel Volz

Von seiner Mutter lernt er den Reim: „Wo ich bin und was ich tu, sieht mir Gott, mein Vater, zu." Daß sie ihm damit nicht Angst vor Gott machen wollte, wird er im Lauf seines Lebens immer deutlicher erkennen. Dabei erweist sich ihm der Bibelvers besonders hilfreich, den ihm sein Pastor bei der Einsegnung für den Weg ins Leben zuspricht: „Des Herrn Augen schauen alle Lande, daß er stärke, die mit ganzem Herzen bei ihm sind" (2. Chronik 16, 9).

Noch als Kind macht er eine Erfahrung, die ihm beim Älterwerden immer wichtiger werden wird: Er ist eines Abends rechtzeitig auf dem Heimweg vom Spielen bei einem Freund. Da trifft ihn ein Bekannter, der ihm eröffnet: „Wehe, wenn du heute nach Hause kommst! Deine Mutter ist erbost über dich. Du kannst dich auf Schläge gefaßt machen!" Diese Drohung – wie sich herausstellen wird, völlig aus der Luft gegriffen – verfehlt ihre Wirkung nicht. Der Junge geht nicht nach Hause, sondern treibt sich bis spät am Abend in der Nachbarschaft herum und hört wiederholt die Mutter seinen Namen rufen. Ein Glück, daß er in großer Angst nicht einen gefährlichen Irrweg wählt, sondern sich schlußendlich heimwagt. Spät genug, um bestraft zu werden. Das hat er aber nicht deshalb zu leiden, weil er etwas verschuldet hätte, sondern weil er dem Rufen der Mutter nicht gefolgt war. Er zieht daraus die Lehre: Höre niemals auf die Stimme von „Freunden“, die dir vor Gott Angst machen wollen. Hab Vertrauen zu ihm, denn er wartet auf dich, wie es in Lukas 15, 20 beschrieben wird.

Die fortlaufenden Predigten seines Seelsorgers über den Römerbrief tragen wesentlich dazu bei, daß er sich 1937 für ein Leben mit Jesus entscheidet. Es wird ihm zu einem Bedürfnis, jeden Morgen eine kurze stille Zeit zu haben, bevor er sich auf den Weg in die Fabrik aufmacht. Da erreicht ihn als 17jähriger eines Morgens der Ruf in den hauptamtlichen Verkündigungsdienst. Doch er erschrickt über der Möglichkeit, die vernommene Stimme könnte die seines eigenen Herzens gewesen sein, um sich damit einen Weg heraus aus den harten Bedingungen seines Arbeitsplatzes zu eröffnen. Ohne sich mit irgend jemand darüber zu besprechen, findet er im Gebet die befreiende Antwort: Sollte Jesus mich wirklich in diesen Dienstbereich führen wollen, dann würde er dies – unabhängig von einem persönlichen Berufungserlebnis – durch seine Gemeinde eindeutig bestätigen. Vom Elternhaus stark geprägt, kann auch er noch dem zunehmenden Druck widerstehen, der Hitlerjugend beizutreten. Da wird er mit zwölf bis fünfzehn Gleichaltrigen, die ebenfalls keiner nationalsozialistischen Organisation angehören, vom Ortsgruppenleiter zusammengerufen. Er will sie dafür gewinnen, in ihrem Dorf eine SS-Gruppe aufzubauen. Lähmend legt sich über sie die unheimliche Angst vor der Schlinge, der sich wohl keiner mehr entziehen kann. Dann fallen aber doch einige durch die Schlinge hindurch: Ihre Körperlänge erreicht nicht das geforderte Mindestmaß. – Wie ein Träumender nimmt auch er davon Kenntnis und eilt mit riesigen Schritten über die hohe Schulhaustreppe hinaus in die noch einmal gewonnene

Freiheit. Zeitlebens wird ihn jedoch immer wieder die Vorstellung aufwühlen, wenn er sich die möglichen Folgen einer Rekrutierung für jene zu fürchtende „Elitetruppe“ vorstellt. Begleiten wird ihn aber auch die schmerzliche Erinnerung an den Jugendfreund im Posaunenchor der methodistischen Gemeinde, der ihn um Haupteslänge überragt hatte. Er bleibt im Netz des Ortsgruppenleiters hängen und fällt 1941 als SS-Mann im Rußlandfeldzug.

Aber auch ihn erreicht einige Monate später ein anderer langer Arm der Partei. Sie schickt ihn mit einer Dienstverpflichtung für zwanzig Monate zur Organisation Todt an die Grenze zu Frankreich. Als Tiefbauarbeiter kommt er dort zum Einsatz bei der Errichtung der Befestigungsanlagen der sogenannten Siegfriedlinie als Gegenüber der französischen Maginotlinie. Im zweiten Jahr seines Einsatzes wird er in das Baubüro „befördert“, wo er sich u. a. notgedrungen Grundkenntnisse im Bedienen einer Schreibmaschine aneignen kann. Während der ganzen Zeit ist er zwar auf verschiedenen Ebenen harten Bewährungsproben ausgesetzt, darf aber gleichzeitig tiefgreifende Schlüsselerlebnisse machen. So findet er als Fremder in der methodistischen Gemeinde in Pirmasens eine tragfähige geistliche Heimat, die ihm auch vielfache leibliche Fürsorge bietet.

In Landstuhl ist er für etliche Monate bei einer älteren verwitweten Dame einquartiert. Hier öffnet sich zum ersten Mal der Weg in ökumenisches Neuland. Die vielen Gespräche mit der Vermieterin, einer liebenswürdigen katholischen Christin, helfen ihm, sowohl seine eigene freikirchliche Position zu profilieren, als auch den großen Reichtum im Glauben und Leben katholischer Christen zu entdecken und zu würdigen. Es stört ihn keineswegs, wenn sein Sonntagsanzug, den er in den Schrank jener mehrfachen Mutter und Großmutter hängen darf, den Geruch des Weihrauchs aufsaugt, der ihren Kleidern von den täglichen gottesdienstlichen Feiern in ihrer Kirche anhaftet. Zu seiner großen Überraschung erklärt sie ihm eines Tages: „Ich wünschte, ich hätte Ihre Mutter sein können. Aus Ihnen wäre ein guter katholischer Christ geworden!“ Doch diese Feststellung löst bei ihm bedrängende Fragen aus: Hätte ich doch auch in eine katholische Familie hineingeboren werden können? Sollte die Begegnung mit dieser Frau womöglich dazu dienen, mich dieser Kirche zu erschließen? Klarheit erhält er dann in seiner Morgenandacht, für die der Bibelleseplan den Text in 2. Timotheus 3,14.15 angibt: „Du aber bleibe bei dem, was du gelernt hast und was dir vertraut ist; du weißt ja, von wem du gelernt hast und daß du von Kind auf die Heilige Schrift kennst, die dich unterweisen kann zur Seligkeit durch den Glauben an Jesus Christus.“ Ergebnis: Zug um Zug verliert er in der Folgezeit die Berührungsängste vor Vertretern oder Vertreterinnen anderer Konfessionen, ja sogar Religionen. Er hatte zu seiner klaren Identität gefunden.

Einige Monate vorher wird er von einer unsichtbaren Hand aus einer verlockenden Gefahrenzone weggelenkt. Die junge Tochter der ersten Quartiergeber am Westwall und ihre Freundin interessieren sich stark für „Unerfahrene“. Sie wünschen, daß er sie am Sonntag auf dem Festplatz der nahen Kreisstadt mit vielen Vergnügungsangeboten begleitet. Und so stehen sie in der Frühe miteinander auf der Eisenbahnstation, die auf der Strecke Pirmasens-Zweibrücken genau in der Mitte liegt, so daß man mit derselben Fahrkarte sowohl an den einen als auch an den anderen Zielort kommen kann. Offen aber bleibt jedesmal, welchem der Züge, deren planmäßige Abfahrtszeiten kurz hintereinander liegen, zuerst die Einfahrt erteilt wird. Welcher Zug wird nun heute als erster weiterfahren? Der nach Zweibrücken, wohin ihn zwei lebensfrohe, junge Mädchen locken, oder in die „Gemeindefamilie" nach Pirmasens, wohin ihn das Verlangen der anderen Hälfte seines Herzens zieht? Er riskiert schließlich das Zugeständnis: in den ersten Zug, der kommt, werde ich einsteigen! Große Spannung liegt in der Luft. Die drei stehen nämlich auf demselben Bahnsteig beisammen. Und da fährt der Zug in Richtung Pirmasens ein. Eilig verabschiedet er sich und steigt ein. Niemals in seinem Leben wird er es bereuen! Was er später von einem der Mädchen erfährt, erschüttert ihn zutiefst. Wäre er fähig gewesen, dem Drang nach einem flüchtigen oder gar folgenreichen sexuellen Erlebnis zu widerstehen?

Während der Zeit seiner Dienstverpflichtung erhält er eines Tages auch die Aufforderung, sich beim Bürgermeister des Ortes zu melden, wo das Einwohnermeldeamt ihn registriert hatte. Der Bürgermeister, zugleich auch der nationalsozialistische Ortsgruppenleiter, wirkt sichtlich verlegen, als der von ihm Einbestellte mit blondem Haar und blauen Augen vor ihm erscheint. Von seinem Vornamen her hatte der Ortsgruppenleiter nämlich den Verdacht geschöpft, er könnte jüdischer Abstammung sein. Er wird zwar durch das Aussehen des Verdächtigten eines anderen belehrt. Aber er will ihn trotzdem dazu bewegen, sich einen anderen Vornamen zuzulegen. Er macht ihm auch Angst vor schlimmen Angriffen, die ihn wegen seines jüdischen Vornamens in Zukunft erwarten würden, besonders auch seitens der Kameraden bei der Wehrmacht, zu der er sicher bald einberufen wird. Seine Bitte um Bedenkzeit wird ihm vom Ortsgruppenleiter gewährt. Aber bereits auf dem Heimweg findet er die Antwort, die zu geben er sich entschließt, nämlich: „Meinen Vater, der mir diesen Namen gab, müßte ich um Rat fragen können. Weil dies nicht möglich ist – der Vater war schon 13 Jahre zuvor gestorben –, kann ich meinen Namen auch nicht ändern."

„Der Vorname des Reichspropagandaministers Joseph Goebbels findet sich im Alten Testament lange vorher. Kein Grund also, meinen Namen zu ändern." Zu einem späteren Termin bei diesem Ortsgruppenleiter kommt es nicht, weil die Arbeitsgruppe des Dienstverpflichteten an einen anderen Ort verlegt wird. Später sollte sich jedoch zeigen, daß ihm wegen seines Namens von den Kameraden weder in der Kaserne noch an der Front auch nur ein einziges Mal Unannehmlichkeiten bereitet werden. Und in der russischen Kriegsgefangenschaft löst gerade sein Vorname in einer lebensbedrohenden Situation die besondere Zuwendung eines jüdischen Arztes aus.

Nach zwanzig Monaten Dienstverpflichtung am „Westwall" wird er zum 31.12.1940 endlich in die Heimat entlassen. Er nimmt in der Papiergroßhandlung, in der er zuvor als Lagerist tätig gewesen war, die Arbeit wieder auf. Da erreicht ihn die Einladung des leitenden Pastors seiner Heimatgemeinde zu einem Gespräch. „Was wird wohl zu besprechen sein?" Eine innere Stimme antwortet ihm: „Der Meister ist da und ruft dich." Und so geschieht es, daß er für das über drei Jahre zurückliegende Berufungserlebnis die für ihn unerläßliche Bestätigung durch die Gemeinde empfängt. Durch die Gnade Gottes war er in jeder Beziehung freigehalten worden von Bindungen, die ihn hätten daran hindern können, dem Ruf mit einer freudigen Bereitschaft zu folgen.

Am 1. April 1941 soll er dann den Praktikantendienst antreten, der dem Studium am Theologischen Seminar vorausgeht. Doch da schiebt sich erwartungsgemäß noch eine andere harte Vorbereitungszeit dazwischen, die weitere fünf Jahre dauern sollte. Ihn erreicht nämlich zum 1. April der Einberufungsbefehl zur großdeutschen Wehrmacht. Die Grundausbildung erfolgt bei einer Artillerieabteilung in Kornwestheim, in der er als Kraftfahrer bestimmt wird und sogar die Fahrerlaubnis für Kettenfahrzeuge erwirbt.

Noch bevor er seinen ersten Ausgang in Uniform erhält, wird ihm mitgeteilt, daß sein drittältester Bruder in einem Lazarett in Posen verstorben sei und nach seiner Überführung in der Heimat am Ostersonntag beerdigt werden wird. Daraufhin beantragt er Sonderurlaub. Dieser wird ihm gewährt unter der Bedingung, daß er als einziger Rekrut auf dem Kasernenhof dem Kommandeur den Beweis erbringt, daß er wenigstens das militärische Grüßen in der Öffentlichkeit beherrscht. Es gelingt ihm, und er bekommt seinen ersten Urlaubsschein. Als er ihn am Bahnschalter aus seiner inneren Rocktasche herausholt, um Geld für den Fahrschein zu holen, übersieht er, den Rock wieder vorschriftsmäßig zuzuknöpfen. Da steht auch schon ein Offizier vor ihm, der ihn wegen dieser Nachlässigkeit öffentlich tadelt und seinen Namen und den Truppenteil erforscht, zu dem er gehört. Er muß befürchten, daß er seinem Batteriechef gemeldet wird, der eine Disziplinarstrafe verhängen kann. Sein tiefer Schmerz über den Verlust des Bruders wird überlagert von einer tagelangen Angst, die jedoch – wie sich zeigen wird – unberechtigt ist.

Nach acht Wochen Grundausbildung wird er mit seinen Stubenkameraden zu einer Feldeinheit nach Reutlingen verlegt. Am Abend vor der Verlegung erhalten sie Nachturlaub bis 24 Uhr. Auch er fährt mit den Kameraden in die nahe Hauptstadt Stuttgart, ahnt aber nicht, wo diese sich vergnügen wollen. Er hat sich nämlich mit seiner Schwester verabredet, die in einer Klinik tätig ist, um mit ihr den letzten Abend zu verbringen. Die Kameraden sind darüber sehr enttäuscht und wollen ihn überreden, mit ihnen zu kommen. Wie gut, daß er standhaft bleibt, denn erst 20 Monate später wird er von der Ostfront den nächsten Urlaub erhalten. Pünktlich trifft er sich dann aber im Hauptbahnhof mit den Kameraden für die Rückfahrt nach Reutlingen und erfährt zu seinem Entsetzen von ihren Erlebnissen im Stuttgarter Rotlichtbezirk. Lebenslang wird ihn von jener mitternächtlichen Stunde an das große Staunen und tiefe Dankbarkeit darüber begleiten, daß er von der unsichtbaren Hand seines Herrn und Heilands an der Pforte eines Freudenhauses vorbeigelenkt worden ist.

Der Kommandeur der Artillerieabteilung in Reutlingen reitet ein Steckenpferd: Unter Androhung einer Arreststrafe verpflichtet er die Soldaten seines Dienstbereichs, daß sie zur Verhütung von Geschlechtskrankheiten beim Verlassen der Kaserne in der Rocktasche einige Präservative bei sich haben. Jederzeit ist damit zu rechnen, daß er plötzlich beim Kasernentor auftaucht und kontrolliert, ob man seiner Anweisung Gehorsam leistet.

Wie soll sich da einer verhalten, der noch nie ein Kondom in der Hand hatte und fest entschlossen ist, keine intime voreheliche Beziehung zu einer Frau aufzunehmen? Zunächst einmal verzichtet er auf Ausgänge in die Stadt. Nur ein einziges Mal riskiert er es am Pfingstmontag, mit den Kameraden einen Spaziergang zu machen, aber „ohne“. Er weiß natürlich, daß dies keine Lösung auf Dauer ist. Ohne einen Kameraden zu finden, mit dem er seine unbeschreibliche Gewissensnot teilen kann, stellt er sich im Gebet mit Zittern auf eine Konfrontation mit der Befehlsgewalt seines Dienstvorgesetzten ein.

Völlig überraschend kommt da von der Heeresleitung der Befehl zur Verlegung seines Regiments in den von deutschen Truppen besetzten Teil Polens. Alle sind umgetrieben von der beklemmenden Frage, mit welchem neuen Einsatzplan die Bereitstellung der deutschen Divisionen an der Demarkationslinie zur UdSSR wohl erfolgt, mit der das Deutsche Reich zwei Jahre zuvor ein Nichtangriffsabkommen abgeschlossen hat? Es bleibt ein streng gehütetes Geheimnis, bis am späten Abend des 21. Juni die Meldung aufschreckt: „Morgen früh beginnt der Krieg mit Rußland!“ Und so wird also auch er als Kraftfahrer in der Munitionsstaffel seiner Batterie mitbeteiligt sein am Vormarsch der deutschen Truppen, die an der russischen Verteidigungslinie nicht aufgehalten werden. Tief aufgewühlt feiert er noch den evangelischen Feldgottesdienst und die Feier des Heiligen Abendmahls mit. Welch ein Widerspruch ist da auszuhalten! Er wird verpflichtet, für das Vaterland zu kämpfen und Blut zu vergießen und soll jetzt Brot und Wein, Zeichen göttlicher Versöhnung, empfangen. Es will ihm nicht gelingen, dieser harten Wirklichkeit einen Sinn abzugewinnen. Da fällt in den inneren Widerstreit das Licht des Predigttextes aus Römer 8: „Ich bin gewiß, daß weder Tod noch Leben ... noch keine andere Kreatur mag uns scheiden von der Liebe Gottes, die in Christus Jesus ist, unserem Herrn.“ Und so wagt er es, als Soldat im Krieg und mit dem Wissen, daß er unweigerlich Schuld auf sich laden wird, sich im Glauben in die durchgrabenen Hände des Retters fallen zu lassen, der ihm die Gewißheit tiefer Geborgenheit schenkt. Oder hätte er den Eid, der ihn zum unbedingten Gehorsam auf den obersten Befehlshaber der Wehrmacht verpflichtet, verweigern sollen? Offen gesteht er es sich ein, daß ihm dazu die Kraft gefehlt hätte. Oder hat er versäumt, um diese Kraft zu bitten? Doch in seiner Todesanzeige würde bestimmt nicht zu lesen sein, daß er sich um Jesu willen an die Wand hat stellen lassen. Nein, sein Tod wäre wahrscheinlich noch verhöhnt worden mit dem Hinweis, er habe bei einer militärischen Übung den ehrenvollen Tod für Führer und Volk erlitten.

In der Stadt Rowno, wo es auf dem Vormarsch einen Aufenthalt gibt, darf er bald eine beglückende Erfahrung machen: Die Parole geht um, daß seine Division die Stadt Odessa am Schwarzen Meer einzunehmen habe. Schon machen die Kameraden in euphorischer Siegesstimmung aus, wie sie im Schwarzen Meer schwimmen und sich vor allem mit den Frauen dort vergnügen werden. Siegesgewiß erklären sie dem einen unter ihnen, der sich entschlossen zeigt, sich davon zu distanzieren, daß sie ihn ganz bestimmt für ihre erotisch-sexuelle Erlebniswelt gewinnen werden. Wie soll er sich da wehren? Tief erschrocken flüchtet er sich in die Trümmer der teilweise zerstörten Ziegelei, um in seiner Bibel zu lesen und um zu beten. Und da findet er im „Lebensbrot“, dem Andachtsheft für Jugendliche seiner Kirche, exakt für diesen Tag eine Betrachtung über Jeremia 15,19ff: „Darum spricht der Herr also: Wo du dich zu mir hältst, so will ich mich zu dir halten, und sollst mein Prediger bleiben. ... Und ehe du solltest zu ihnen fallen, so müssen sie eher zu dir fallen.“ Durch die Kraft dieser „Speise“ kehrt er ohne Furcht zu den Kameraden zurück. Er wird aber nicht über sie triumphieren, wenn der Vormarsch vor Odessa dann doch abgebrochen wird, sondern er wird zeitlebens nur Gott loben und danken für diesen Zuspruch aus seinem lebendigen Wort!

In Schönhorst, einem schmucken, von Volksdeutschen bewohnten Dorf in der Ukraine, gibt es einige Ruhetage. Sein Kraftfahrzeug, mit Granaten beladen, kommt neben einem primitiv gebauten, niedrigen Haus zu stehen. Dort findet er eine verängstigte Familie vor, die aber ihren Christusglauben bewußt zu leben versucht. Der wehrfähige Vater, ein Bruder und der erst vor Wochen mit einer der Töchter verheiratete junge Mann sind an Ostern von der russischen Armee verschleppt worden. Trotzdem erlebt er mit dem Großvater, der Mutter und den zwei Töchtern Stunden der Gemeinschaft in Gottes Wort und Gebet und wird so aufgebaut, daß er getrost weiterziehen kann.

Der weitere Vormarsch über Kiew, Orel in Richtung Tula mit dem Endziel Moskau führt in ungezählte Gefahrenzonen. Einmal wird die ganze Division von feindlichen Truppen total eingekesselt, so daß der Belagerungsring nur durch den rollenden Einsatz von Sturzkampfbombern wieder aufgebrochen werden kann. Eine wunderbare Bewahrung um die andere fädelt sich wie Perlen zu einer langen Kette, die zu immer neuem Gottvertrauen ermuntert. Mit seinem Fahrzeug ist er einmal ganz allein unterwegs, als plötzlich der Motor nicht mehr zieht. Er findet jedoch die Ursache sofort und kann die verstopfte Vergaserleitung am Motor auch schnell reinigen. In dieser Pause überfällt ihn plötzlich eine große Unsicherheit, ob er sich in der unendlichen Weite mit den vielen unbefestigten Feldwegen auch noch auf der richtigen Spur befindet. Eine innere Stimme nötigt ihn, die Fahrtrichtung zu ändern. Bald stellt sich heraus, daß er direkt in einen feindlichen Hinterhalt hineingeraten wäre, wenn er die vorherige Richtung beibehalten hätte.

Nachdem er ein anderes Mal über 30 Stunden fast ununterbrochen am Lenkrad verbracht hatte, erhält er den Einsatzbefehl für eine weitere nächtliche Fahrt ins Munitionslager. Ein Unteroffizier begleitet ihn als Beifahrer. Welch ein Wunder: Der Unteroffizier bleibt hellwach und verfolgt mit unbeschreiblicher Geduld die Fahrweise des völlig übermüdeten, ständig mit dem Schlaf kämpfenden jungen Gefreiten. Lautlos greift er jedesmal ins Lenkrad, bevor die Fahrt im Graben endet. Während der sogenannten Schlammperiode, die im Oktober 1941 fast alle Operationen an der Ostfront lahmlegt – der Nachschub kann nur auf dem Luftweg erfolgen -, verbringt seine Einheit die Zeit in der Stadt Siewsk im östlichen Mittelabschnitt. Da lädt ihn eines Tages der Bursche des Batteriechefs ein, mit ihm die städtische Badeeinrichtung zu besuchen, die normalerweise nur für höhere Dienstgrade freigegeben ist. Voll Freude nimmt er die einer Auszeichnung gleichzusetzende Einladung an. Ein unbeschreibliches Hochgefühl: endlich einmal wieder unter einer warmen Dusche stehen zu dürfen! Da bekommt er vom Hauptwachtmeister den Befehl, seinen Lastkraftwagen fahrbereit zu machen, um Schotter für Straßenausbesserungen zu transportieren. Mit innerer Empörung führt er den Befehl aus, der gerade zum ungünstigsten Zeitpunkt erteilt wird. An seiner Stelle kommt dann ein anderer Kamerad in den Genuß hochwillkommener Badefreuden. Doch auch dieser kann nicht wissen, daß der Chefbursche homosexuell veranlagt ist. Ohne Argwohn folgt er seiner netten Einladung, bei der es dann zu homosexuellen Handlungen kommt. Einige Monate später fliegt der Ring homosexueller Männer verschiedener Dienstgrade auf. Und so kommt auch jener an seiner Stelle verführte Kamerad vor das Kriegsgericht. Er wird zu einer Haftstrafe verurteilt, die aber erst nach Kriegsende anzutreten ist. Bis dahin wird er einem Sonderkommando zugewiesen.

Aber auch von der Ostfront dürfen die Wehrmachtsangehörigen in Urlaub fahren. Die Reihenfolge der Urlaubskandidaten wird durch ihren Familienstand und dann durch ihr Alter bestimmt. Er selbst gehört zu den Jüngsten seiner Einheit und ist im Dezember 1942 zum ersten Mal im Besitz eines Urlaubsscheines. Dieser zwingt ihn, ausgerechnet am ersten Weihnachtstag in Richtung Ostfront wieder zurückzufahren. Zehn Monate später ist er endlich wieder an der Reihe. Doch da erkrankt er so sehr, daß er ein ums andere Mal auf der Urlaubsliste an das Ende gesetzt wird. Er muß miterleben, wie andere bereits zum dritten Mal aus der Heimat wiederkommen, während er selbst noch auf den zweiten Urlaubsschein wartet. Er wird aber für diese harte Zurückstellung nicht nur damit entschädigt, daß er das Weihnachtsfest diesmal in der Heimat feiern darf. Er trifft dort sogar noch rechtzeitig zur Hochzeit seines Jugendfreundes ein und wird bei dieser Hochzeitsfeier von dem tiefen, unbeschreiblichen Glück ereilt, der jungen Frau zu begegnen, die ihm als Lebensgefährtin bestimmt ist. Er wird sich noch am selben Tag mit ihr verloben. Die Stunden, die das glückliche Paar danach noch erleben darf, sind gezählt und werden überlagert vom nahenden Abschiedsschmerz. Er selbst erlebt noch den vorläufig letzten Gottesdienst am Neujahrstag in der Heimatgemeinde. Der Verkündiger läßt sein dem Predigttext nachgedichtetes Lied singen, in dem es heißt: „Welche Stunde euch auch schlage, ich bin bei euch alle Tage."

Sechs Monate später, am 6. Juli 1944, gerät er in russische Kriegsgefangenschaft. Den deutschen Soldaten war von der Propaganda ständig eingehämmert worden: Lieber tot als gefangen in der Sowjetarmee! Doch als er mit einigen Kameraden nach einem letzten vergeblichen Ausbruchsversuch aus einem Belagerungsring, im hohen Steppengras liegend, eine berittene Patrouille auf sie zukommen sieht, hört er in seinem Innern seinen Namensvetter sagen: „Bis hierher hat uns der Herr geholfen." Und vertrauensvoll fügt er für sich im stillen hinzu: „Und er wird auch weiterhelfen." Sofort flüstert er den Kameraden zu: „Ich werde nicht schießen!" Sichtlich erleichtert übernehmen auch sie für sich diese Entscheidung. Jeder schiebt so weit wie möglich sein Gewehr von sich weg. Da rufen ihnen auch schon die Reiter mit ihren Waffen im Anschlag zu: „Hände hoch!" Sie richten sich auf, freuen sich, weiterleben zu dürfen, und lassen sich einen Wertgegenstand nach dem anderen abnehmen. Als ihm selbst auch noch seine fast neuen Stiefel ausgezogen werden, von denen er sich für den Weg in das fremde, gefürchtete Land viel verspricht, begehrt er doch im Herzen auf. Das abgetragene Paar Schuhe, das ihm als Ersatz zugeworfen wird, ist ihm viel zu groß. Dem Vorbesitzer muß es ähnlich ergangen sein, denn er hatte die Schuhe mit Heu ausgestopft, die aber jetzt nach üblem Fußschweiß riechen. Doch bald soll er erfahren, daß ihm dieser Verlust nur großen Gewinn bringt.

Während die Mitgefangenen bei dem tagelangen Marsch auf befestigter Straße in das rückwärtige Gebiet große Probleme mit ihren Füßen bekommen, hat er bis zum Ende nicht eine einzige Beule oder gar eiternde Wunden zu beklagen. – Hunger, nie gestillter Hunger begleitet auch ihn in der Kriegsgefangenschaft. Da lernt er eines Tages einen Kameraden aus dem Nachbarort in der Heimat kennen, der als Metzger hier in der Lagerküche beschäftigt ist. Dieser verspricht ihm: „Solange wir beisammen sind und ich in der Küche arbeite, wirst du keinen Hunger mehr leiden." Tatsächlich steckt er ihm schon am nächsten Tag eine nennenswerte „Sonderration" zu, die er aber schnellstens an einem verborgenen Ort verschlingen muß. Der Vater im Himmel läßt dies aber kein zweites Mal geschehen. Er nimmt durch die Lagerleitung die Verlegung des „Begünstigten" vor. Dieser soll sich später nicht mit der Schuld herumplagen, auf Kosten seiner Leidensgenossen sich buchstäblich durchgefressen zu haben. Der andere aber soll sich daheim nicht etwa damit brüsten können, er habe den Kameraden durchgefüttert und damit entscheidend an dessen Heimkehr mitgewirkt. Diese Ehre will Gott mit keinem anderen teilen (Jesaja 42, 8)! Nach harter Arbeit in einem Zementwerk unter primitivsten Bedingungen erkrankt er sehr. Weil kein deutsches Kriegsgefangenenlazarett zu erreichen ist, wird er in ein russisches Sträflingslazarett in Saratow an der Wolga eingeliefert. Die ärztliche Leitung liegt in den Händen eines jüdischen Arztes. Muß bei einer solchen Konstellation, die von Ablehnung und gegenseitiger Unterdrückung, ja Haß bestimmt wird, ein deutscher Kriegsgefangener nicht alle Hoffnung fahren lassen? Offenkundig aber signalisiert dessen alttestamentlicher Vorname dem jüdischen Arzt, daß er es bei diesem Patienten keinesfalls mit einem Antisemiten zu tun hat. Er läßt ihm nämlich alle nur erdenkliche Fürsorge zuteil werden. Ja, er reißt ihn mit außergewöhnlich scharfem Befehlston zurück, als er abzugleiten droht in eine gefährliche Interessenlosigkeit. Er erweist sich so als entscheidender Handlanger für die Genesung des späteren Heimkehrers.

Kurze Zeit nach dem Ende des Zweiten Weltkrieges kommt er mit einem Sonderkommando bei der Heuernte zum Einsatz. In gesunder Landluft, bei strahlendem Sonnenschein und kräftigender Verpflegung bessert sich sein Gesundheitszustand zusehends. Doch da meldet sich plötzlich mit leichten Beschwerden jener Granatsplitter wieder, den er seit dem Tag seiner Gefangennahme in seinem linken Oberschenkel beherbergt. Auf ärztliche Anordnung wird er deshalb von der Liste der Lagerinsassen wieder gestrichen, die zur Ernte auf einer Kolchose vorgesehen sind, damit vorher noch der Granatsplitter operativ entfernt werden kann. Wegen mangelnder Sterilität kommt es aber zu einer fieberhaften Infektion. Der Wundverband wird immer umfangreicher. In diesem Zustand hat dann auch er vor der Hohen Kommissarin zu erscheinen, die ganz unerwartet ins Lager kommt, um die nicht mehr arbeitsfähigen Gefangenen für den Transport in die Heimat auszuwählen. Und so steht er splitternackt vor der sowjetrussischen Parteifunktionärin im Offiziersrang, die ihn rundum und von oben bis unten mustert. Kaum zu fassen: Er wird als nicht mehr einsatzfähig in die Heimat entlassen!

Weit, weit ist der Weg nach Hause. Fast sechs Wochen dauert die Fahrt im Güterzug, aller Annehmlichkeiten beraubt. Wird die physisch-psychische Belastbarkeit ausreichen? Viele Kameraden erreichen das ersehnte Ziel nicht. Er aber spürt die barmherzigen Hände seines Herrn und Heilands, die ihn über alles Vorausahnen hinaus festhalten. Am Vorabend seines 25. Geburtstages erhält er in Frankfurt an der Oder den russischen Entlassungsschein, zwei Wochen später in Marburg a. d. Lahn den amerikanischen. Ein unbeschreiblicher Augenblick: durch das offene Tor im dichten Stacheldraht – ohne einen bewaffneten Begleiter – in die Freiheit treten zu dürfen! Frei zu sein für die Menschen, die liebend auf ihn warten, frei zu sein für den Meister, der ihn vor acht Jahren in den Dienst gerufen hat.

Am 1. April 1946 beginnt eine kurze Praktikantenzeit. Nach dem anschließenden Studium im Theologischen Seminar kann er 1950 endlich heiraten. Bei der kirchlichen Trauung spricht der Pastor über die zwei Sätze in 1. Korinther 1,7b.8a: „Wartet nur auf die Offenbarung unseres Herrn Jesus Christus. Der wird euch auch fest erhalten bis ans Ende.“ Er ermutigt das Paar, im gemeinsamen Leben und Dienst auf neue Offenbarungen des Herrn Jesus zu warten und dessen ganz gewiß zu bleiben, daß er sie festhalten wird bis ans Ende.

Es werden dem Ehepaar genug Gelegenheiten gegeben werden, sich das Gebet anzueignen, das wohl dem 23. Vers in Psalm 73 entsprungen sein dürfte: „Halt’ mich nur in Deinen Händen, daß ich Dich nie mehr verlier’.“

Mit Beten und Fasten

Ingeborg Hecker

Mit kaum zehn Jahren wurde meine Schwester Elke ins Krankenhaus eingeliefert. Wie ein Schwertschlag traf uns die Nachricht, es bestehe bei ihr Verdacht auf Knochenkrebs. Ein schreckliches Weinen und Trauern begann in unserer Familie. Sie ist meine einzige Schwester und war als reizendes, blondlockiges Schulmädchen außerordentlich beliebt und verwöhnt.

„Aber Gott kann doch helfen!" rief meine verzweifelte Mutter dem Arzt entgegen. Er, ein junger, begabter und routinierter Chirurg, antwortete kaltblütig: „Ich habe die Krankheit gesehen! Wissen Sie nicht, daß es im Vaterunser heißt: ‚Dein Wille geschehe?'" Erschrocken und verwirrt standen wir vor dieser Antwort. Sollte Gott sich nicht erbarmen?

Zu Hause war eine entsetzliche Situation entstanden, wir alle litten um dieses liebe Kind. Mein Schmerz kannte keine Grenzen. Ich fastete und betete und besprach mich mit meiner frommen Großmutter, die mein Fasten nicht wollte, endlich aber meine Hand faßte und mir zustimmte: Du hast doch recht, denn es heißt ja in der Bibel, daß gut ist, was man in seiner Jugend zur Ehre Gottes tut.

Inzwischen sind viele Jahrzehnte vergangen, doch der 19. August wurde zum Tag des Gedenkens. An diesem Tag fastete ich für meine Schwester in großer Dankbarkeit. Das kam so: Nachdem ich an jenem Abend heimgekommen war, ging ich in mein Dachzimmer und fühlte mich plötzlich frei und frisch zum Gebet. Ich kniete auf den Dielen nieder und bat Gott zum ersten Mal: „Vater, du kennst unsere Not. Und ich weiß, daß du uns helfen kannst. Gib mir ein Wort aus der Bibel, an das ich mich halten kann, weil du mich erhört hast." Dann stand ich auf, nahm mein Neues Testament und schlug es auf bei Johannes 5,8f: „Jesus spricht zu ihm: Steh auf, nimm dein Bett und geh hin! Und sogleich wurde der Mensch gesund und nahm sein Bett und ging hin." Überglücklich ging ich mit der Bibel zu meiner Mutter. „Ich weiß jetzt, daß Gott uns beistehen wird. Wir werden es erleben!"

Und so geschah es auch. Der histologische Befund war negativ, die Krankheit meiner Schwester konnte erfolgreich behandelt werden.

Gott ist Liebe

Kornelia Giesel

Ich war 35 Jahre alt, als ich Jesus Christus mein Leben übergab. Doch wie es dazu kam, ist eine lange und komplizierte Geschichte, die zeigt, daß Gott einen Menschen, den er sich auserwählt hat, nie mehr aus den Augen verliert.

Ich komme aus einem nichtchristlichen Elternhaus. Trotzdem schickte mich meine Mutter früher immer in den Kindergottesdienst. Später, während und nach meiner Berufsausbildung, besuchte ich ab und zu einen Bibelkreis und manchmal sonntags den Gottesdienst. Besonders an Weihnachten ging ich gerne in die Kirche, denn da wurde es mir so schön feierlich und warm ums Herz. Mir war damals schon klar, daß Gott mich suchte, aber ich wollte selber über mein Leben bestimmen und meine Freiheit genießen. In den folgenden Jahren wandte ich mich dann ganz von Gott ab. Ich veränderte mich sehr, wurde immer egoistischer, ironischer, hochnäsiger. Auch konnte ich meine Mitmenschen und mich selber nicht mehr lieben. Manchmal wurde mir erschreckend bewußt, wie ich mein Leben haßte und wie sinnlos und leer es war.

Ich bekam gesundheitliche Probleme, die mich langsam aber sicher nervlich fertig machten, weil kein Ende abzusehen war und immer neue Krankheiten dazukamen.

Meine Zahnärztin räumte einen Abszeß im Oberkiefer aus, der nach dem Ziehen eines Backenzahnes entstanden war. Ich hatte Angst, daß während der Operation Komplikationen auftreten könnten (z. B. eine Eröffnung der Kieferhöhle). Jetzt betete ich wieder und bat Gott darum, daß alles normal verlaufen würde; dann würde ich ihm nachfolgen. Die Operation ging dann auch ohne Probleme zu Ende. Als ich wieder zu Hause war, setzte ich mich hin und bat Jesus um Vergebung all meiner Sünden und nahm ihn als Herrn in mein Leben auf. Das gab mir innere Ruhe.

Acht Tage später wurde ich von meiner Zahnärztin in eine Kieferklinik überwiesen, weil ich noch immer starke Schmerzen im Bereich der Wunde hatte. Dort sagte man mir, daß ich nochmals operiert werden müßte und daß es in etwa einer Stunde soweit wäre. – Ich saß im Wartezimmer unter vielen anderen Patienten und hatte schreckliche Angst vor der Operation und vor weiteren Komplikationen. Ich betete voller Verzweiflung und aus tiefster Not zu Jesus Christus. Und da erlebte ich etwas Einzigartiges: Plötzlich fühlte ich mich eingehüllt in reine, vollkommene Liebe wie in einen schützenden Mantel, der alles andere vollständig verdeckt. Ich glaube, dieses Erlebnis dauerte nicht sehr lange, aber für mich blieb die Zeit stehen, während ich diese herrliche Liebe fühlte und meine Angst nachließ. Es war Jesu lebendige Gegenwart, die ich erleben durfte; und es war unwahrscheinlich schön. Ich wünschte mir, daß dieser Zustand nie mehr aufhört, weil alles Negative in meinem Leben in dieser herrlichen Liebesumarmung bedeutungslos geworden war. Allerdings habe ich mich später gefragt, ob ich diese unwahrscheinliche Liebe mit meinem menschlichen Körper sehr lange hätte aushalten können, denn ich war hinterher, als ich wieder zu mir kam, total erschüttert und wie betäubt.

Die dann folgende Operation verlief einwandfrei. Man stellte fest, daß bisher keine Wundheilung eingesetzt hatte. Doch diesmal heilte die Wunde ganz normal aus.

Dieses Erlebnis liegt zwei Jahre zurück, aber ich werde es nie vergessen. Gesundheitsprobleme habe ich zwar immer noch, doch ich glaube, daß Gott mich verändert und formt, damit ich mehr lieben kann und demütiger werde, aber vor allem, daß ich es lerne, auch in scheinbar aussichtslosen Situationen Gott blind zu vertrauen und alles von ihm zu erwarten. Gott gibt den Seinen nur das Allerbeste, auch wenn manchmal Schmerzen und Leid beigefügt sind.

Gesundheit ist kostbar – aber nicht das Wichtigste

Monika Bigalke

Herr, warum habe ich diese Krankheit? Was willst du mir damit sagen? Was soll ich lernen? Gibt es bei mir Schuld, auf die du mich durch diese Zeit des Herausgenommenseins hinweisen willst? Warum werde ich nicht wieder gesund? Das waren einige von den Fragen, die mich beschäftigten, als ich im Sommer 1990 mit einem Bandscheibenvorfall krank wurde und die ersten Monate von starken Schmerzen und totaler Hilflosigkeit geprägt waren. Doch die Fragen blieben überwiegend unbeantwortet. So versuchte ich in dieser Zeit, meine Krankheit von Gott anzunehmen. Es kamen Überlegungen hinzu wie: „Alles, was Gott schickt, muß uns zum Besten dienen. Sicher will Gott meinen Glauben und meine Beziehung zu ihm prüfen wie z.B. bei Hiob. Gott möchte sich durch meine Krankheit verherrlichen."

Trotzdem haben mich diese Überlegungen nicht viel weiter gebracht, auch wenn ich versuchte, Gott mein Einverständnis zu dieser Krankheit zu geben. Ich hatte den Eindruck, daß das noch nicht alles sein könne. Eines Tages besuchte mich eine Christin, die mir die Frage stellte: „Kannst du glauben, daß Gott dich heilen will? Erwartest du von ihm ein Wunder?" Zuerst hat mich diese Frage ziemlich angefochten. War ich nur deshalb noch krank, weil ich nicht genug Glauben hatte? Doch dann halfen mir diese Fragen, mich mehr für jedes nur mögliche Handeln

Gottes an mir zu öffnen. Wenn Gott mir etwas schenken wollte, dann hatte ich auf keinen Fall vor, es mir entgehen zu lassen. Beim Bibellesen entdeckte ich, wieviel mehr von Heilungen die Rede war als davon, daß Menschen krank blieben. Jesus hatte doch am Kreuz nicht nur unsere Schuld, sondern auch unsere Krankheiten getragen! Wie sollte sich das nun praktisch an mir zeigen? Mehr und mehr veränderte sich meine Erwartungshaltung Gott gegenüber.

Eine wichtige Erfahrung hatte ich während eines Seminars in unserer Gemeinde, das durch einen gemeindefremden Pastor geleitet wurde. Als er und einige andere für meine Heilung beteten, teilte er mir seinen Eindruck mit, den er von Gott erhalten habe: „Auf deinem Rücken liegen Lasten, unter denen du zusammengebrochen bist. Du trägst diese Lasten selbst, anstatt sie von Gott tragen zu lassen." Nur: Was waren das für Lasten? Darauf konnte er mir auch keine Antwort geben, und so betete ich darum, daß Gott mir diese Lasten ganz konkret zeigt, damit ich sie loswerden konnte. Einiges wurde mir deutlich, und so betete ich um eine Seelsorgerin, mit der ich diese Dinge aufarbeiten könnte. Ich fand sehr schnell eine Seelsorgerin, durch deren Begleitung für mich ein Weg innerer Heilung und die Befreiung von belastenden Beziehungen begann.

Auf diesem Weg gehe ich bis heute weitere Schritte voran. Ich bin Gott sehr dankbar, daß er nicht nur Symptome heilt, sondern an die Wurzeln geht, wenn wir bereit sind, uns darauf einzulassen.

Ich habe erfahren, daß die Palette des Handelns Gottes an uns sehr vielfältig ist. Zwei Jahre nach meinem Bandscheibenvorfall kam zu allen Problemen, die ich damit hatte, noch eine Vereiterung in einem Knochen direkt hinter dem Ohr hinzu. Nach vielen Untersuchungen und Behandlungen stand fest, daß mir nur durch eine Operation geholfen werden kann. Die Möglichkeit, durch die Operation taub zu werden, war ziemlich groß. Diese Aussicht empfand ich als recht bedrohlich, zumal ich schon auf beiden Ohren schwerhörig war.

Nachdem die mehrmonatige Behandlung mit Antibiotika keinen Erfolg gebracht hatte, wurde nun der Termin festgesetzt. Kurz vor diesem Termin bekam ich die Gewißheit, daß Gott mich ohne Operation heilen würde. Drei Tage bevor ich ins Krankenhaus gehen sollte, wurde mein Kopf noch einmal geröntgt. Es stellte sich heraus, daß die Vereiterung vollständig verschwunden war. Diese Erfahrung war für mich eine große Ermutigung, auch Heilung für meinen Rücken von Gott zu erwarten.

Viele Menschen haben im Laufe der Jahre für mich gebetet und tun dies heute noch. Das bedeutet mir sehr viel. Gerade weil ich von so vielen Betern wußte, verstand ich nicht, daß Gott mich immer wieder auf Jakobus 5 und das Gebet für Kranke durch Gemeindeälteste hinwies. Heilung konnte doch nicht von einer bestimmten Form abhängig sein? Irgendwann stimmte ich zu – nicht weil ich die Notwendigkeit einsah, sondern aus Gehorsam gegen Gott, Geschwister aus meiner Gemeinde nach Jakobus 5 für mich beten zu lassen. Die Erfahrung, daß es mir nach diesem Gebet ständig schlechter ging, ja die Schmerzen unerträglich wurden, war und ist für mich bis heute unverständlich. Trotzdem glaube ich, daß Gott diese Art des Gebets für Kranke grundsätzlich will und auch etwas dadurch bewirken kann.

In einer Zeit, als ich durch meine vielen Schmerzen kaum noch Lebensmut hatte, fragte meine Seelsorgerin mich einmal, ob ich eine Hingabe an Gott aussprechen könnte, auch wenn er mir meine Krankheit nicht nehmen würde. Das erschien mir zunächst zu schwer. Doch dann kam ich an den Punkt, wo ich wirklich ehrlich zu Jesus sagen wollte: „Mein Körper gehört dir. Ich erkenne an, daß du allein das Recht hast, über Gesundheit oder Krankheit zu bestimmen. Ich will bei dir bleiben, auch wenn du mich nicht heilst und meine Schmerzen nimmst. Du sollst für mich das Wichtigste im Leben sein."

Kurze Zeit danach ließen meine Schmerzen ein wenig nach. Ich konnte wieder schlafen und machte kleine Fortschritte. Natürlich atmete ich auf. Bei aller Freude, die ich empfand, war das größere Wunder für mich, daß ich zu Gott sagen konnte: „Mehr als über die Schmerzlinderung freue ich mich über dich. Jesus, ich möchte lieber in deiner Nähe sein, die Gemeinschaft mit dir genießen und mich an deiner Liebe freuen, als wieder gesund zu werden." Das, was ich vorher Gott gegenüber willentlich ausgesprochen hatte, war nun zu meinem Wunsch geworden.

Die Macht der Gedanken

Doris Albaus

Die Konfrontation mit einer Erkrankung ist immer schwer. Die Konfrontation mit meiner Erkrankung fand ich unerträglich. Nach einem schweren Unfall bekam ich die ersten epileptischen Anfälle. Ich erlebte sie als Schock, als Zusammenbruch meines Lebens. Meine Gedanken traten gebündelt auf: Fragen nach der Existenz, Fragen des Überlebens, Fragen nach der Zukunft.

Blitz und Donner im Gehirn, danach die Gedanken: Wie geht es weiter? Eine gewisse Angst machte sich breit, nie mehr das zu finden und zu sein, was ich vorher war und jetzt auf dem Anfallsweg verloren habe. Dazu kamen mancherlei Einschränkungen, Verbote, Gefährdungen, Isolation bis hin zur Einsamkeit. Die Welt, in der ich lebte, trug Spuren des Kampfes und der Verwundung. Warum mußte ich ausgerechnet diese Krankheit haben? Dabei hatte ich unendlich große Pläne. In meinen Gedanken war ich schon Jahre voraus! Und jetzt? Meine Pläne waren gewaltig durchkreuzt worden.

So wie es unzählige Farbabstufungen und -mischungen gibt, doch nur eine bestimmte Zahl von Grundfarben, so gab es für mich unzählig viele Gedanken-Kombinationen. Aus meinem Herzen stiegen arge Gedanken hervor. In der Stille der Untätigkeit kam es mir doppelt unerträglich vor, ich zermürbte mich! Was könnte ich alles tun und schaffen, wenn ich gesund wäre! Ich dachte: Nun bist du zum Nichtstun verurteilt. Ich lebte mit meinen Gedanken oft in der Vergangenheit, statt mich nach vorne zu orientieren.

Obwohl ich die Bibel las, lebte ich gleichgültig dahin. Was die Welt an Vergnügungen bietet, wollte ich erleben. Nach mehreren schweren Anfällen wurde eine tiefe Sehnsucht in mir wach. Vor einem lebendigen Gott konnte ich mich nicht verstecken oder verbergen. Ich sehnte mich nach Gott – und dadurch kam ich ihm näher. Ich schämte mich für meine Gedanken: Wer bin ich, daß ich Gott befehle, was er zu tun habe? Heute weiß ich, wenn Jesu Liebe mir nicht nachgegangen wäre, wäre ich verloren.

Der ganze Film meines Lebens lief vor meinen Augen ab. Innerlich war ich zerbrochen. Meine Gedanken konzentrierten sich aufs Sterben, und was kommt danach? War das mein Leben? War das alles? Sicher ist es wertvoll, sich einem Menschen gegenüber aussprechen zu können, sich jemand anzuvertrauen, der einen versteht, der Anteil nimmt an Sorgen und Bitterkeiten, an Freuden und Erfolgen und an plagenden Gedanken. Ich suchte die Anlehnung bei Menschen, ich hörte auf sie und verließ mich auf sie – und – sie verließen mich! Das war eine schmerzliche Erfahrung, aber heilsam. Ich brauchte diese Schule und fand einzig und allein in Jesus Geborgenheit, Leben und volles Genüge. Bei ihm wurde ich nicht weggestoßen, nicht abgelehnt mit meiner Krankheit, nicht allein gelassen. Er fing mich liebevoll auf. Ich spürte, hier ist einer, der mich versteht, der mich mit meiner Last trägt.

Als ich dies erkannte, zerbrach ich mir nicht mehr den Kopf mit grübelnden Gedanken über meine Leiden und die scheinbaren Widersprüche. Es half mir jetzt zu wissen, daß alles Geschehen über meinem Leben letztlich aus Gottes Hand kommt. So nahm mich Gott beiseite. Mein ganzes Leben, meine Vergangenheit habe ich ihm gebracht. Ich darf bezeugen, daß Jesus mir alle Schuld und Sünden vergeben hat. Wenn er so viel für mich getan hat, sollte ich mich dann noch auflehnen und zu seiner Führung nein sagen? Mir wurde klar: „Gottes Gedanken sind nicht meine Gedanken, Gottes Wege sind nicht meine Wege. Ich muß auch nicht Gottes Gedanken verstehen, aber ich kann seiner Weisheit und Liebe vertrauen!"

So zählte ich einmal zusammen, welch glückliche Augenblicke in meinem bisherigen Leben zu finden waren. Dabei wurden meine Gedanken heller. Die Tür nach außen war mir noch versperrt, aber die Tür nach innen stand offen. Eine Chance blieb mir, dieses begrenzte Leben auszuweiten in die Tiefe. Ich las viel in der Bibel, ging in die Stille und wurde dadurch reich beschenkt. Nach und nach lernte ich meine Grenzen und Einschränkungen zu akzeptieren und aus Gottes Hand anzunehmen. Als ich mich nicht mehr auflehnte, zog Freude in mein Herz ein. In aller Stille redete Gott mit mir. Er fragte mich: „Wo wohnst du? Wo kommst du her? Worauf vertraust du?" Zuerst dachte ich, Gott weiß doch, wo ich wohne. Aber er wollte von mir wissen, wo ich innerlich zu Hause bin. Er wollte wissen, mit welchen Gedanken ich mich beschäftige; denn wo mein Schatz ist, da ist auch mein Herz.

So hat Gott mich eingeladen, nicht nur vorübergehend und in besonderen feierlichen Momenten bei ihm zu sein, sondern beständig. Jetzt gibt es keinen Bereich in meinem Leben mehr, worüber ich nicht mit Jesus sprechen könnte. Mein Herz gehört ganz ihm. Natürlich kommen mir auch schwere Gedanken. Gott führt mich manchmal bis an die Grenzen; dann bin ich geneigt, den Problemen auszuweichen. Doch ich spüre die feste Hand meines Herrn und Heilandes, die mich führt und nicht losläßt.

Was ich erlebt habe und erlebe, hat mich reifen lassen. Wenn ich auch keine aktive Arbeit mehr verrichten kann, darf ich meine Hände falten. Heute brauche ich dem Gedanken an den Tod nicht mehr auszuweichen. Jesus hat meine Vergangenheit bewältigt und geht mit mir in die Zukunft.

Von Gott will ich nicht lassen

Kurt Reichardt

Mitten in der Arbeit klingelte das Telefon. Am anderen Ende meldete sich das Krankenhaus, in welches Regina, meine liebe Frau, zu einer kleinen Routineoperation sich hatte einweisen lassen : „Kommen Sie schnell, Ihrer Frau geht es gar nicht gut." Das war gegen 14 Uhr, die Operation war aber auf halb acht Uhr morgens angesetzt. Was war geschehen? So schnell ich konnte, fuhr ich ins Krankenhaus, um letzendlich zu erfahren, daß sie gestorben ist. Ich brachte keinen Ton mehr heraus, mir blieb jedes Wort im Halse stecken. Irgendwie fragte ich den Arzt, was denn geschehen sei, und er erzählte mir von starkem Blutverlust und Kreislaufversagen. Ich hatte in der Situation nicht einmal die Hälfte verstanden. Auf seine Frage, ob ich zu ihr wolle, nickte ich nur. Kurz darauf war ich mit Regina allein im Zimmer. Sicher, ich brauchte eine gewisse Zeit. Doch dann war mir klar, was ich zu tun hatte. Es ist komisch, aber in dem Moment war es für mich einfach ganz deutlich: Ich legte ihr die Hand auf, segnete sie, betete mit ihr das Vaterunser, dankte ihr für die Zeit, die sie mir geschenkt hatte, ich dankte für die Kinder und sprach dann zu ihr: „Mach dir wegen uns keine Sorgen, geh du jetzt in Frieden heim zu Jesus."

Als ich endlich zu Hause war, rief ich die Kinder zusammen und brachte gerade noch die Worte heraus: „Mama ist tot." Es war schon schwer, die nächsten Verwandten anzurufen, uns von dem Abend der Zeltevangelisation abzumelden ...

Am nächsten Tag kamen meine Schwiegereltern, die Vorbereitungen zur Beerdigung mußten getroffen und Reginas Sachen vom Krankenhaus abgeholt werden. Am Abend drängten die Kinder: „Wir wollen unbedingt zur Zeltevangelisation gehen!" – Ich hatte aber absolut keine Lust noch Energie dazu. Nur auf deren Drängen hin fuhren wir los. „Seine Last am Kreuz ablegen", lautete das Thema für diesen Abend. Alle wurden eingeladen, das, was sie bedrückt, auf einen Notizzettel zu schreiben, vorzukommen und den Zettel am Kreuz niederzulegen.

Und von da an erfuhr ich (und auch die Kinder) eine Kraft, die mit Worten nicht zu beschreiben ist. Ja, ich muß sagen, diese Erfahrung war eigentlich beschämend. Da redet man jahrelang davon, wie groß Gott ist, wie mächtig seine Kraft und wie wunderbar sein Trost ist. Jetzt muß ich sagen: Das war etwa so, als wolle ein Blinder die Farben beschreiben. Ich suchte nach einem Wort, das diese Kraft wenigstens in etwa wiedergibt – ich fand keines. Energie ist zu wuchtig, Kraft zu banal, bombastisch zu brutal, umwerfend ist falsch, denn Gott „stellt auf die Beine". Es war einfach unsagbar schön. Und es war doch auch beschämend, weil ich urplötzlich merkte, daß ich diese Zuwendung Gottes in keiner Weise verdient habe. Nicht weil ich ein besonders guter Christ gewesen wäre oder sonst was Gutes getan habe – nein, trotz aller meiner Fehler, trotz aller Unvollkommenheit hat sich Gott mir in diesem Maße zugewandt. Ich kann nur staunend davorstehen und danke sagen.

Jetzt ist mir klar, daß Gott keine Idee, keine Religion ist und von keiner Philosophie zu beschreiben. Er ist ganz einfach Wirklichkeit – und das in einem ungeahnten Ausmaß. Für mich ist die Quintessenz dieser Erfahrung: „Von Gott will ich nicht lassen."

Die Welt, in der wir leben, ist nicht gut

Karl Heinz Grüneke

Meine Frau Ruth und ich wurden 1974 an eine Gemeinde in Los Angeles berufen. Ich ging etwas zögerlich, Ruth voller Begeisterung. Die Zeit in Amerika war schön und doch so schwer. 1976 schrieb ich einen Brief an meine Angerhörigen und Freunde, in dem ich von unserem Erleben berichtete:

Liebe Angehörige und Freunde!

Es fällt mir nicht leicht, einen Weihnachtsbrief zu schreiben. Wie ein Schwamm mit Wasser bin ich vollgesogen mit Traurigkeit. Mitten am Tag ging mir am 12. Mai die Sonne unter. Wir hatten morgens fröhlich das Haus verlassen. Ruth, ich und Pastor Hermann Sticher, unser Gast zu der Hundertjahrfeier der Gemeinde. Am Nachmittag kehrten wir zu zweit zurück. Ruth lag im Krankenhaus, tot, erschossen von einem Menschen, der offenbar meinte, in der roten Tasche, die ich ihr für die gestohlene schenkte, sei viel Geld, um Rauschgift zu kaufen. Seither bin ich allein. Alles, was vorher und nachher war – die Schilddrüsenoperation im März, die Krebsbehandlung während des Deutschlandaufenthaltes -, ist überschattet durch das eine Ereignis, das mir meine Frau nahm.

Ich wußte nicht, wie traurig ein Mensch sein kann, ich habe es jetzt erfahren. Natürlich wußte ich von fremdem Leid, aber ich war noch nicht eingetreten in die Gemeinschaft der Leidenden. In dem Leid, das ich trage, begegnen sich noch einmal die Liebe meiner Ruth zu mir und meine Liebe zu ihr. Doch inmitten aller Traurigkeit bin ich immer getröstet durch Jesus und durch sein Wort. Es ist vorbei. Ich habe Ruth nicht mehr, aber ich habe sie gehabt. Über einunddreißig Jahre war sie meine Frau. Dafür bin ich unendlich dankbar.

Die Welt, in der wir leben, ist nicht gut. Sie liegt zu einem erheblichen Teil in schwärzester Finsternis. Aber – und das ist die frohe Botschaft des Weihnachtsfestes – „Jesus ist kommen, Grund ewiger Freuden!" „Das Licht scheint in der Finsternis." Der Text lautet tatsächlich, es scheint in der Finsternis. Das heißt, es scheint nicht von ferne her. Jesus ist mitten in sie hineingekommen. Er ist dort, wo wir sind.

Die Finsternis dieser Welt rührte mich in diesem Jahr an wie nie zuvor. Aber das Licht, das von Jesus kommt, liegt auf meinem Gesicht. Er hält, trägt und tröstet mich. Ich kann noch predigen und einiges mehr tragen, als mir durch Ruths Tod auferlegt ist. Ich bin nicht stark, er ist es um so mehr. Gefühlsmäßig bin ich noch ziemlich labil. Aber der mich bisher führte, wird es auch weiterhin tun. Das soll mir genügen.

Ich werde Weihnachten still und einsam feiern. Die Erinnerungen an vergangene Feste werden mich traurig und dankbar machen. Ich werde froh sein, daß Jesus in diese Welt gekommen ist und ich zu jenen gehöre, die glauben dürfen.

Ich werde predigen: „Also hat Gott die Welt geliebt, daß er seinen eingeborenen Sohn gab, auf daß alle, die an ihn glauben, nicht verloren werden, sondern ewiges Leben haben." Und ich werde staunen und anbeten, daß es die Welt ist, an der ich und so viele leiden. Ich weiß, seine Liebe gilt den Leidenden und denen, die andere leiden lassen. Sie gilt auch dem Mörder. Aber der weiß das nicht. Viele andere wissen es auch nicht und sind ohne Trost und ohne Hoffnung. Möchte es uns doch geschenkt sein, ihnen zu sagen, wer Jesus ist und wie groß Gottes Liebe ist.

So grüße ich Euch, meine Angehörigen und Freunde. Habt Dank für viel Fürbitte, viele Hilfe und Verständnis. Feiert ein frohes, gesegnetes Weihnachtsfest. Ich tue es auch.

Euer trauriger und getrösteter
Karl Heinz Grüneke

Brief an einen Mörder

Karl Heinz Grüneke

Du hast mir alles genommen -
die Freude meiner Augen und meines Herzens.
Mitten am Tag ging mir die Sonne unter.
Seitdem bin ich alleine und leide.

Vielleicht hast Du ihr Bild gesehen in der Zeitung.
Vielleicht weißt du jetzt,
daß sie die Frau eines Pastors war.

Ich habe dir vergeben, was du mir angetan,
aber das weißt du nicht und läufst
mit deiner Schuld umher,
du und dein Kumpan.

Bald ist Weihnachten.
Ich fürchte, es sagt dir nicht viel.
Aber das Kind in der Krippe ist auch für dich geboren,
und der Mann am Kreuz starb auch für dich.

„Heute wirst du mit mir im Paradiese sein."
hat er seither vielen gesagt,
die um Vergebung und Fürsprache baten.
Er sagt es auch zu dir, wenn du nur kommst,
wenn du nur um Vergebung bittest.

Vielleicht fangen sie dich,
und du mußt deine Strafe tragen.
Aber es wäre anders, würdest du darüber ein Christ.

Dann würde Segen erwachsen aus dem Schlimmsten,
was du je getan.
Wir würden Brüder im Leiden, du und ich.

Ich weine um meine Frau,
mein Bruder,
und manchmal weine ich auch um dich.

Im Glauben die Alltagspflichten nicht vergessen

Paul Fischer

Es ist vor 3 Jahren gewesen. Durch Gottes Güte haben meine liebe Frau und ich noch die goldene Hochzeit feiern dürfen, obwohl viel Krankheitsnot in unserer Familie war. Mehrere Jahre war meine liebe Frau für die Ausfahrten auf einen Rollstuhl angewiesen. In der Wohnung konnte sie sich durchtasten.- So hatten wir wieder unser tägliches Nachmittags-Kaffeestündchen gehalten, wie wir es gerne taten. Auf meinen Hinweis, daß sie sich jetzt wieder zurückziehen und sich ausruhen solle, deutete sie auf ein paar Wäschestücke, die sie noch bügeln wolle. Ich redete ihr das Vorhaben aus, aber sie sagte: „Ich muß Ordnung haben."

„Gut", sagte ich, „ich gehe zu meinem Schreibtisch, komme aber gleich wieder zurück."

Gesagt, getan. Wenige Minuten später fand ich sie hilflos am Boden liegend vor. Ein Schlaganfall führte zu einer vierwöchentlichen Bewußtlosigkeit und schließlich zum Sterben.- Ihre letzten Worte bleiben mir unvergessen und sind eine Verpflichtung für mich.

Das siebte Kind

Heinz Burkhardt

Bald nach der Heirat wollten meine Eltern ein Kind. Für sie war ganz klar: Kinder bekommen und sie großzuziehen ist die erstrangige und selbstverständliche Berufung der Frau in der Ehe. Aber es klappte nicht mit dem Kinderwunsch. Befürchtungen verdüsterten den Horizont. Und so kam es, daß sie ihre Zuflucht zu Gott nahmen. Die Erhörung ihrer Bitte blieb nicht lange aus. Ja, der Kindersegen wollte nicht abreißen. Binnen sechs Jahren füllten fünf Kinder die Wohnung. So war es ja nicht gemeint. Vielleicht baten sie jetzt umgekehrt darum, daß Gott den Segen stoppen möge. Drei Buben, zwei Mädchen – das ist eine gute Mischung.

„Jetzt reicht's, lieber Gott", meinten sie wohl. Immerhin trat eine Pause von zwei Jahren ein. Aber dann kam nochmals ein Bub – das war ich. Aber nun war das Maß wirklich voll. Denn als sich später das siebte Kind ankündigte, streikte meine Mutter. Für eine Frau vom Lande war das unerhört: Sie fragte ihren Hausarzt, „ob man nichts dagegen tun könne". Die Verzweiflung muß schon groß gewesen sein. Kein Wunder, denn inzwischen waren wirtschaftliche Schwierigkeiten über die Familie hereingebrochen. Die Weltwirtschaftskrise von 1929 hatte auch den Betrieb des Vaters weggefegt. Das hieß Konkurs. Das schöne Haus wurde zwangsversteigert. Verwandte gewährten uns eine Notunterkunft. Konflikte waren vorprogrammiert. Und noch einmal galt es umzuziehen;

nicht mit Spedition Supergut, sondern per Handwagen über die holprigen Dorfstraßen. Da klapperten Topfdekkel und Geschirr, daß man's weithin hören konnte.

In der neuen Wohnung waren wir zwischen die engen Wände eingezwängt – und nun auch noch die neue Schwangerschaft! Der Vater war noch ganz deprimiert vom Absturz seiner Firma, er war nicht zum Trösten fähig. Mütterliche Vatertugenden waren damals nicht gefragt, Konfliktlösungen durch Aussprache noch ein Fremdwort. Und so trug Mutter die dreifache Last: die Versorgung von sechs Kindern, die Ehegemeinschaft und nun auch noch real im Körper das heranwachsende neue Leben.

Wie sollte es weitergehen? Nun, da war doch noch Gott! Aber gerade dieser Weg zu ihm war mit Zweifeln und Depression verbarrikadiert. Grau in grau zogen sich die ersten Wochen des Jahres 1932 dahin.

Gegen alle ihre Gefühle griff Mutter täglich nach ihrer zerlesenen Bibel. Zuvor riß sie den Tageszettel vom christlichen Wandkalender, um den dort erklärten Bibeltext aufschlagen zu können. In späteren Jahren erlebte ich diese ihre Praxis bewußt, wenn ich – oft noch im Nachthemd – am Frühstückstisch die Reste von den schon zur Arbeit und Schule weggeeilten Familiengliedern verzehrte. Da mochte noch alles kreuz und quer herumliegen, sie nutzte die ersten freien Augenblicke des Tages, um sich von der Bibel und ihrer Auslegung ansprechen zu lassen. An einem Morgen, an dem sich ihre Not besonders zusammengeballt hatte, hieß der Tagestext: „Das sagt der Heilige, der Wahrhaftige, der da hat den Schlüssel Davids, der auftut, und niemand schließt zu, der zuschließt, und niemand tut auf: Ich kenne deine Werke. Siehe, ich habe vor dir eine Tür aufgetan, und niemand kann sie zuschließen; denn du hast eine kleine Kraft und hast mein Wort bewahrt und hast meinen Namen nicht verleugnet" (Offenbarung 3,7f). Diese Worte, wie von Christus selbst zu ihr persönlich gesprochen, durchbrachen mit einem Schlag alle Traurigkeit. So mächtig befreite sie das, daß sie von da an ein volles Ja zu ihrem Los sprechen konnte. Mit Zuversicht schritt sie jetzt in die noch schwerer werdende Zeit hinein, getragen von dem, der um ihre „kleine Kraft" wußte und sie nicht im Stich ließ.

Nicht ahnen konnte sie freilich, daß sie im August einem so heiteren, lebensbejahenden Mädchen das Leben schenken würde, das dann seinerseits vier Kindern das Leben schenken sollte.

Dieses mächtige Reden Gottes bahnte auch den Weg, zwei weitere Schwangerschaften anzunehmen, die sie im Abstand von jeweils drei Jahren hatte.

Auf mich, der ich diese Art Umgang mit Gott fast täglich mitbekam – Mutter las und betete stets laut für sich und für alle, die gerade da waren -, sprang ein Funke über, der niemals erlöschen sollte, auch wenn ihn die mancherlei Entwicklungsstürme zeitweilig schier ausbliesen. Später lernten wir im kirchlichen Unterricht, was beten heißt, nämlich „von Herzen mit Gott reden". Ich hatte dies längst vorher von meiner Mutter abschauen können.

Wunderbare Fürsorge vom Vater der Witwen und Waisen

Rosemarie Widmayer

Es war im Sommer 1958. Ich war 29 Jahre alt, Handwebmeisterin, und verlobt mit einem Mann, für dessen mechanische Weberei ich Textilentwürfe fertigte. Wir waren sehr verliebt, und obwohl die Bekanntschaft erst kurz war, wurde auf den 23. August die Hochzeit festgesetzt. Der Mann sprach zwar davon, daß er an Depressionen leide – seine Mutter sprach von Schizophrenie -, aber ich dachte: Wenn ich erst ganz bei ihm bin, wird alles heilen.

Zehn Tage vor dem geplanten Hochzeitstermin zeigte es sich, daß ich einen von seinem Vater(!) aufgesetzten Ehevertrag unterschreiben sollte. Dieser Vertrag hätte mich zu einer übermenschlichen Arbeitsleistung verpflichtet. Der Vertrag war unerfüllbar. Als ehrlicher Mensch konnte ich ihn nicht unterschreiben. Ich erklärte meinem Bräutigam die Gründe. Zunächst schien er sie auch zu verstehen, doch unter dem Einfluß seines Vaters platzte die Hochzeit. Er sagte später: „Was bin ich ohne meinen Vater? – Ein Blatt ohne Baum." – Und ich war schwanger. Was nun? Was war Gottes Wille? Aus dem Bekanntenkreis des Mannes wurde mir auf versteckte Weise die Adresse einer Ärztin zugespielt, die Abtreibungen vornahm.

Gesundheitlich ging es mir nicht gut. Ich litt unter schwerem Erbrechen und ziehenden Leib- und Kreuzschmerzen. Sonstige Bestandsaufnahme: Mein Verdienst war ausgefallen, denn mein ehemaliger Bräutigam war ja mein Arbeitgeber. Wohl war ich dabei, für meinen behinderten Bruder eine kleine Handweberei einzurichten, aber diese war erst im Aufbau und konnte nicht effektiv arbeiten. Ersparnisse? Das Wenige, das ich hatte, war für die Einrichtung der Webwerkstatt aufgezehrt. Familie? Mein Vater war gestorben, der einzige Bruder behindert und selbst ohne Verdienst, ja von mir abhängig.

Die Mutter bezog eine kleine Witwenpension, sie hatte Möbel und eine Aussteuer für mich angeschafft – ich konnte mit meinem Kind nicht auch noch von ihr leben. Wovon dann? Staatliche Hilfen gab es damals noch nicht. Wo war ein Weg? Gott wußte einen Weg, auch wenn ich ihn noch nicht sehen konnte und für mich alles dunkel war.

Zu der Zeit, als meine Hochzeit geplant war, hörte ich von einer Freizeit in Oberstdorf im Allgäu. „Versuch doch, ob noch ein Platz frei ist", redete meine Mutter mir zu. Konnte ich es wagen bei meinen Umständen mit Erbrechen und Schmerzen? – Ich fragte nach, und tatsächlich: ein Platz war noch frei. So fuhr ich mit, und – o Wunder – das Erbrechen hörte auf.

Unter der Wirkung von Gottes Wort kam dann Ordnung in meine Gedanken und Gefühle, mir wurde klar: der Mittelpunkt meines Lebens muß Jesus Christus sein. Alle übrigen Bereiche würden sich danach ordnen. So kam es zu einer neuen, vertieften Hingabe an Jesus Christus. Ich konnte beten: „Lieber Vater im Himmel, wenn du willst, daß dieses Kind in mir lebend geboren wird, so schenke doch, daß es gesund ist und in irgendeiner Weise für dich nützlich werden kann." Daraufhin bekam ich so großen Frieden ins Herz und eine solche Ruhe, daß sich mein Körper entspannte. Die Leib- und Kreuzschmerzen – o weiteres Wunder – hörten auf. Nun konnte ich auch an den Wanderungen der Kameradinnen und Kameraden teilnehmen.

Wieder zu Hause bei Mutter und Bruder zeigte es sich, daß sich die Mutter durch die Ereignisse und das zu erwartende Baby doch sehr gedemütigt fühlte. Unser Vater war in der Kleinstadt als Lehrer eine geachtete Persönlichkeit, die Mutter hatte einen großen Bekannten- und Freundeskreis. Sie fürchtete die bösen, spitzen Zungen. Der Sohn krank und behindert, die Tochter eine gescheiterte Beziehung hinter sich, dazu ein uneheliches Kind. Und beide ohne Existenzgrundlage! Sie wagte sich kaum noch unter ihre engsten Freundinnen aus Angst vor unangenehmen Fragen.

Ich bemühte mich um den weiteren Aufbau der Handweberei, erkannte aber immer deutlicher, daß auch bei der bescheidensten Lebensführung damit kein Auskommen zu finden war. Die Konjunktur war vorbei, kostendekkende Preise waren nicht zu erzielen. Da dachte ich einmal laut darüber nach, daß ich vielleicht eine Büroarbeit annehmen könnte, um uns zu ernähren. Doch das war für meine Mutter zuviel; es brach aus ihr heraus: „Das mußt du wissen, ich zieh' dir das Banquertle nicht auf, das mußt du selbst tun!"

Womit? Verzweifelt brach ich in Tränen aus und betete leise: „Du Vater der Witwen und Waisen, sorge doch du für das Kind, das da kommen will. Ich kann es nicht, sei du ihm ein Vater!"

Augenblicklich zog der wunderbare Gottesfriede, der höher ist als alle Vernunft, in mein Herz ein. Die Tränen versiegten. Heute nach 37 Jahren kann ich bestätigen, daß diese Bitte wunderbar erhört wurde. Kein irdischer Vater hätte so gut für das Kind sorgen können, wie es geschehen war.

Noch so manches Mal wurde es schwer, z. B. als ich erkennen mußte, daß das Geld, das ich noch hatte, gerade reichte, um zwei Babyhemdchen und ein Jäckchen zu kaufen. Aber zum Schluß kamen Pakete von verschiedenen Seiten an, von denen ich es nicht erwartet hatte: Babyausstattung neu und gebraucht, zum Teil geliehen, aber am Ende fehlte nichts von allem, was ein Baby braucht, gar nichts. Am 20. Februar 1959 ist es dann geboren – ein Mädchen. Auf Wunsch meiner Mutter gab ich ihr nach der Großmutter den Namen Magdalene.

Die liebevolle Fürsorge des Ewigtreuen war aber nicht zu Ende; sie ging bis heute weiter. Das Kind wurde unser Sonnenschein. Meine Mutter gewann ihr Enkelkind rasch lieb, und ihre Freundinnen beschenkten es mit schönen Handarbeiten. Sie brachen keineswegs den Kontakt zu uns ab.

Als das Kind in den Kindergarten gehen durfte, erklärte meine Mutter von sich aus: „Jetzt kannst du dir eine Arbeit außer Haus suchen, nun ist es nicht mehr zu schwer für mich." Ich fand etwas Passendes, und nun hörten auch die Geldsorgen auf.

Mit drei Jahren wurde Magdalene in die Sonntagsschule eingeladen. Die biblischen Geschichten, lebendig im Sandkasten dargestellt, machten ihr viel Freude. Nach der Einsegnung im Alter von 14 Jahren hatte sie eine eigene Hauskinderstunde. Nun erzählte sie biblische Geschichten, betete und sang mit den Kindern, die Oma steuerte Weckle und Saft bei und die Kinder malten mit viel Schwung biblische Sprüche und Lieder auf Plakate, die dann in der Wohnung aufgehängt wurden. Es ging lebhaft und fröhlich zu, bis zu 40 Kinder kamen jeden Samstag in unser Häuschen.

Von meinem früheren Bräutigam ist zu berichten, daß er anläßlich eines Besuches in aller Form und mit feierlichem Ernst um Verzeihung bat für alles, was er mir und uns angetan hatte. Ich war sehr gerührt, es fiel mir leicht, wirklich von Herzen zu vergeben, alle Bitterkeit war verflogen. Ich konnte zu meiner Tochter nicht schlecht über ihn reden. Wenn sie Fragen stellte, sagte ich wahrheitsgemäß: „Papa war und ist schwer krank." Sie verstand es sehr früh.

Heute ist meine Tochter Diplompsychologin und Therapeutin an einer Kinderklinik; sie hört Kindern zu, die sich ihre Kümmernisse vom Herzen reden müssen, um gesund zu werden. Es durften schon manche Heilungen geschehen.

Sie erlebte durchaus die Stürme des Lebens, blieb nicht verschont von Enttäuschungen, Anfeindungen, Glaubenszweifel. Ihr einst unbekümmerter Kinderglaube wurde ziemlich zerzaust. Dennoch durften wir erleben, daß wir von dem getragen sind, der sagt: „Ich bin da, das geknickte Rohr will ich nicht zerbrechen, den glimmenden Docht nicht auslöschen."

Ihm sei alle Ehre, denn was er zusagt, das hält er gewiß.

Noch viel wäre zu sagen von Gottes Güte. Unsere inzwischen verstorbene Mutter war dankbar, daß wir da waren, als sie selbst gebrechlich wurde. Mein Bruder entwickelte sich zum Hausmann, so daß ich voll berufstätig sein konnte und heute Rente bekomme.

Mein Bruder ist leider am Parkinson-Syndrom erkrankt, aber ich kann ihn zu Hause pflegen.

Nicht alle meine Wünsche wurden erfüllt, aber kein Gebet blieb ohne Antwort – zwar manchmal kontrovers, aber nie ohne Trost.

„Mein Mund besinge tausendfach den Ruhm des Herrn der Welt, der meiner Sünde Joch zerbrach, sich gab zum Lösegeld" *(nach Charles Wesley).*

Ein schwer verdaulicher Brief

Dietmar Prietz

Wir hatten Gäste im Gottesdienst. Aus einer Nachbargemeinde waren Jugendliche zu Besuch. Sie beteiligten sich mit einigen Liedern. Nach dem Lied „In ihm ist alles, was ich brauch'" berichtete eine Zwanzigjährige von einer Weichenstellung in ihrem Leben:

„Ich heiße Sylvia und habe eine Ausbildung als Erzieherin. Nun brauche ich zum Abschluß noch das sogenannte Anerkennungsjahr, ein Jahr praktischer Arbeit in einem Kindergarten, in einem Kinderheim oder in einem Hort." Sie erzählte, wie problematisch das für sie war: „Ich habe Bewerbung nach Bewerbung losgeschickt. Immer Absagen. Bloß Absagen. Da hieß es: Ihre Anfrage interessiert uns sehr, aber leider ist die Stelle schon besetzt. Es war zum Verzweifeln. Ich betete um Gottes Hilfe und Führung. Aber es ging gerade so weiter. Ich las allerfreundlichste Antwortschreiben, aber leider ...

Vor vier Wochen nun habe ich mich um eine Stelle in einem Waisenheim für Jugendliche zwischen sechs und vierzehn Jahren beworben. Als mein Brief nocht nicht beantwortet war, erzählte ich einer Freundin von meiner letzten Anfrage. ‚Was?', sagte sie, ‚dieses Heim kenne ich. Da würde ich nie hingehen. Was ich darüber schon gehört habe. Und besonders als Christ! Da würdest du es schwer haben. Also, das würde ich mir sehr überlegen.'"

Sylvia berichtete dann, wie sie durch das Gespräch mit

der Freundin ganz durcheinander gekommen sei. Ihr erschien es am einfachsten, wenn in der Antwort von diesem Waisenheim auch wieder eine Absage stünde. So traurig die Absagen waren, aber in diesem Fall ...

Die ganze Gemeinde hörte gespannt zu, wie es nun weitergehen würde. Denn jetzt mußte ja etwas passieren. Sylvia erzählte:

„Als ich eines Tages heim kam, lag der Brief vom Waisenhaus auf meinem Bett. Ich erschrak und wendete den Brief hin und her. Ich traute mich einfach nicht, ihn aufzumachen. Ich war so aufgeregt. So setzte ich mich erst einmal hin und erbat Gottes Hilfe und Führung. Aber auch nach dem Gebet konnte ich den Umschlag nicht öffnen. Da nahm ich meine Bibel. Normalerweise lese ich jeden Tag einen Abschnitt nach der Bibellese und zwei oder drei Kapitel fortlaufend. Jetzt jedoch schlug ich die Bibel einfach auf. Ich wollte spontan einen Bibelvers für meine Situation finden."

Sylvia stand vor der Gemeinde, nahm ihre Bibel und schlug sie ziemlich in der Mitte auf. Dann blätterte sie noch ein paar Seiten und sagte: „Ja", sagte sie, „da war's. Hier bei dem Propheten Hesekiel. Kapitel drei, gleich der erste Vers. Den hab' ich damals auf Anhieb aufgeschlagen. Dort heißt es: ‚Und er sprach zu mir: Du, Menschenkind, iß, was du vor dir hast! Iß diesen Brief' (In der revidierten Lutherbibel heißt es: ‚Iß diese Schriftrolle'). ‚Iß diesen Brief!' Ich war platt. Ich wußte bis dahin nicht, daß so etwas in der Bibel stand. Nun öffnete ich den Brief. Er enthielt eine Zusage. Ich könne kommen. Die Stelle stehe für mich zur Verfügung."

Sylvia bat uns dann, daß wir als Gemeinde im Gebet an sie denken sollen. Sie brauche die Fürbitte. Wenn sie jetzt in dieses Heim gehe, wisse sie zwar, daß dies Gottes Weg für sie sei. Aber ihr sei mulmig zumute und sie habe Angst. Wir haben in diesem Gottesdienst für Sylvia gebetet und auch später in unseren Gemeindegebetsstunden immer wieder an sie gedacht. Aber Kontakt zu ihr hatten wir nicht mehr.

Ein gutes halbes Jahr später war ich mit einigen Jugendlichen unserer Gemeinde zu Gast in Neustadt bei Waiblingen. Wir gestalteten dort eine Gemeindewoche mit Kinderstunden am Nachmittag, einen Teenie-Kreis am frühen Abend, und anschließend luden wir die ganze Gemeinde zu evangelistischen Abendveranstaltungen ein.

Zur Kinderstunde am ersten Nachmittag kam eine geschlossene Gruppe von Kindern. Und mit dabei war – Sylvia. Ich war total überrascht. „Sylvia, du?“ fragte ich, „was machst denn du hier?“

„Ja, hier in der Nähe ist dieses Waisenhaus, in dem ich arbeite.“

In den Teenie-Kreis kam sie auch wieder mit einer Gruppe.

Und am Abend erschien sie mit Jugendlichen und mit dem stellvertretenden Heimleiter.

Nach der Veranstaltung konnte ich mich mit ihr unterhalten. Sie berichtete mir über ihr weiteres Ergehen, seit wir uns das letzte Mal gesehen hatten: „Hier bin ich jetzt. Das ist das Heim. Gleichzeitig mit mir begann ein neuer stellvertretender Heimleiter seinen Dienst. Er ist auch Christ. Zusammen richteten wir Kinder-, Schüler- und Jugendbibelkreise in dem Heim ein. Daß du hier in der Gemeinde diese Veranstaltungen machst, kommt uns gerade recht. Das ist eine gute Unterstützung für uns. Du mußt unbedingt auch mal zu uns ins Haus kommen. Da stehen alle Türen offen für den Glauben."

Ich staunte nicht schlecht: „Da muß es ja ziemliche Veränderungen gegeben haben, wenn man bedenkt, was du uns damals erzählt hattest!"

„Ja, das hat es – und auch bei mir. ‚Du, Menschenkind, iß diesen Brief.' Ich dachte, der sei unverdaulich. Aber so kann Gott führen!"

Es wurde für alle eine ereignisreiche Woche. Zum Höhepunkt wurde der abschließende Erlebnisgottesdienst in der evangelischen Kirche in Neustadt. Da waren alle zusammen: Kinder, Jugendliche und Erwachsene. Der Pfarrer meinte hinterher, es sei bunt gewesen wie in einem Zirkus.

Wieder zu Hause, erzählte ich in meiner Gemeinde von den Erlebnissen. Die Freude war natürlich groß. Für alle war es eine große Ermutigung, den eigenen Glaubensweg der Führung Gottes zu befehlen.

Von Sylvia hörte ich nur noch, daß sie nach dem Anerkennungsjahr in dem Heim auf eine Bibelschule in der Schweiz gegangen ist. Durch Gebet und Bibelwort war sie sich über diesen Weg klar geworden – diesmal ohne so schwer zu schlucken wie an jenem Brief.